OKA:
La hache de guerre

Données de catalogage avant publication (Canada)

Dallaire, François, 1945-

  Oka: la hache de guerre
  Comprend des références bibliographiques.
  ISBN 2-89084-068-9

  1. Québec (Province) — Histoire — 1990 (Crise autochtone).
2. Indiens — Amérique du Nord — Québec (Province) — Récla-
mations. 3. Indiens — Amérique du Nord — Québec (Province)
— Terres. 4. Mohawks (Indiens) — Histoire. I. Titre.

FC2925.9.C68D34 1991   971.4'04   C91-096613-3
F1053.2.D34 1991

Publié par:
Les Éditions La Liberté Inc.
3020, chemin Ste-Foy
Ste-Foy, (Québec)
G1X 3V6
Téléphone: (418) 658-3763 — FAX: (418) 658-3763

Couverture: Jean-Yves Masson
Composition et mise en pages: Composition Monika, Québec

© Copyright 1991 par Les Éditions La Liberté Inc.
Dépôt légal: 3ᵉ trimestre 1991
Bibliothèque nationale du Québec
ISBN 2-89084-068-9

François Dallaire

OKA:
La hache de guerre

Les Éditions La Liberté

Table des matières

Sommaire

Sous couvert de la défense d'un «cimetière sacré» menacé par un vulgaire terrain de golf, l'affrontement armé qui a surpris Oka à l'été 1990 a posé la question de la propriété du Québec et du Canada.

«À qui appartient ce pays? À ses premiers occupants ou à ceux qui l'exploitent à la sueur de leurs fronts?» s'interroge François Dallaire, journaliste et économiste.

L'auteur de ce stimulant essai répond sans ambages que les Canadiens ont depuis longtemps éteint la dette qu'ils avaient contractée envers les peuples autochtones, et que les Mohawks et les autres seraient mal venus d'essayer de se transformer en aristocratie terrienne pour vivre de rentes foncières perçues sur le dos des travailleurs.

Après avoir raconté l'arrivée des Mohawks à Oka et la vraie histoire du célèbre terrain de golf, il démolit un à un les arguments d'un certain militantisme des dites Premières Nations et exhorte les Indiens à ne pas déterrer la hache de guerre. Ils perdraient la prochaine bataille, avec ou sans Warriors masqués.

Malgré son titre, ce livre représente donc un véritable calumet de paix tendu à nos compatriotes amérindiens.

Introduction

On s'est battu à Oka et on se battra encore, là et ailleurs au Canada. Non pas que nous ayons vécu une bataille rangée avec ses morts et ses blessés des deux côtés. Mais l'importance d'un affrontement ne se mesure pas seulement au nombre de ses victimes — sans minimiser la tragédie de la mort du caporal Marcel Lemay. L'enjeu d'une bataille donne lui aussi sa mesure. Dans le cas d'Oka, il est incommensurable.

On s'est battu pour autre chose qu'un terrain de golf; pour beaucoup plus que pour permettre à quelques dizaines de banlieusards de se détendre en frappant une petite balle. Le premier trait de génie des Warriors mohawks — en termes de relations publiques — a été de lancer l'offensive à ce moment. Qui pourrait en effet faire passer un vulgaire neuf trous avant un cimetière ancestral? Une pelouse avant un boisé? Dès le début donc, les Indiens ont eu l'opinion publique de leur côté; et les golfeurs de la région d'Oka — le maire Jean Ouellette en tête — ont eu l'air fou.

À tel point que le ridicule de l'enjeu apparent a réussi à masquer l'ampleur du fossé qui sépare les deux camps, les deux sociétés. Les barricades contre le golf font figure de caricature. C'est le cimetière sacré contre le terrain de jeu des nantis; l'environnement contre les loisirs des riches; les valeurs traditionnelles contre le rouleau-compresseur du progrès. Essayons de dépasser ce premier niveau pour nous attaquer au débusquage des véritables enjeux.

Vues de très loin, de Strasbourg par exemple, les barricades d'Oka abritaient le dernier carré de résistance d'une noble minorité de bons sauvages qui a vu son domaine se rétrécir au fil de l'avancée de la méchante civilisation blanche américaine. N'a-t-on pas voté une motion — sans rire — contre "l'annexion des terres indiennes par le gouvernement canadien" au siège du parlement européen?

Vues d'à peine moins loin, de certains bars fréquentés par des semi-intellectuels aussi bien pensants que ronds de la panse, les barricades mohawks tressent le fouet avec lequel la société blanche doit se flageller pour se punir d'avoir volé leurs terres aux indigènes pour ensuite s'empresser de les polluer par l'abjecte industrialisation. — Hey, garçon!! Une autre Heineken bien froide pour noyer ma mauvaise conscience!!

Vues des salles de réunions des conseils de bande indiens, les barricades de la côte St-Michel ont été un test de stratégie: jusqu'où peuvent-ils aller dans l'utilisation de la violence pour exiger une rente du premier occupant — une sorte de royalty payable en compensation de l'abandon forcé d'un mode de vie? Certain authentique chef huron va même jusqu'à avancer le chiffre de 1 à 2 % des profits de l'exploitation des mines, de la forêt et de l'hydroélectricité.

Vue de plus près, c'est-à-dire des usines, des champs, des bureaux et des cuisines de ce pays, la bataille d'Oka réveille une question en dormance dans le subconscient de tous les Canadiens: "Quel droit avons-nous d'habiter et d'exploiter ce coin de planète qui nous a vus naître, certes, mais qui était déjà occupé par d'autres quand nos ancêtres y ont débarqué?"

En un mot, c'est la question de la légitimité de la colonisation qui a été posée par la crise d'Oka.

De durs constats

Ainsi donc, les Québécois et les autres Canadiens ne seraient pas pleinement propriétaires de toutes les terres qu'ils mettent en valeur depuis maintenant trois siècles.

Ainsi donc, le refus total de notre mode de vie supposément enviable — refus appuyé par une menace bien réelle de violence armée — est possible.

Ainsi donc, la tranquille Amérique septentrionale peut elle aussi vivre un conflit intérieur majeur basé sur la notion de race.

13

Ainsi donc, le recours à l'armée pour rétablir l'ordre à l'intérieur des frontières ne serait pas réservé aux régimes totalitaires de pays du Tiers-Monde.

Ainsi donc, notre développement industriel, porté par une énergie électrique relativement bon marché, serait lourdement hypothéqué auprès d'un vieux créancier qui menace de couper les fils si la population refuse de payer son loyer.

Voilà quelques-uns des constats que le Québec — et, dans une moindre mesure, l'ensemble du Canada — ont dû faire à l'été 1990.

Sans trop pousser les comparaisons, il est facile d'imaginer des Blancs d'Afrique du Sud et des États-Unis annonçant, un sourire narquois sur le coin de la bouche: "Bienvenue à bord de la galère des conflits raciaux." Parce que c'est bien de cela qu'il s'agit. Les Indiens du Canada, incluant les Mohawks urbanisés de la région de Montréal, forment des groupes humains qui vivent depuis toujours en marge de la société canadienne.

Si on l'avait moins remarqué ici qu'ailleurs, c'est sans doute à cause des chiffres. Contrairement à l'Afrique du Sud où les Noirs forment l'immense majorité, et aux États-Unis où ils représentent un bon 12 % de la population, les Indiens du Canada, avec des effectifs totaux pour 1991 d'environ 520 000 personnes, comptent pour moins de 2 % du total. Et avec ça, répartis en 580 bandes parlant 50 langues ou dialectes — mais surtout l'anglais — disséminées dans l'immensité canadienne.

Du côté de la plupart des pays d'Amérique latine, la situation est totalement différente, le fond de la population étant formé de métis. Ici, sauf pour les Canadiens-Français du Manitoba de l'époque de Louis Riel, il n'y a eu que peu de croisements avec les Indiens. (Vu sous cet angle, les Métis des Prairies constituent la seule véritable «race canadienne»).

C'est maintenant un cliché de dire que ce qui a permis à quelques dizaines d'individus de tenir en haleine toute une province pendant 78 jours, c'est l'amplificateur des médias, manipulés de main de maître par les innombrables chefs indiens pendant la crise d'Oka.

Mais, plus profondément, si l'ensemble du pays s'est senti interpellé par les Warriors des barricades, c'est que ces derniers prétendent faire une remise en question totale et globale: "Nous ne sommes pas d'accord, nous ne voulons pas de vous et de votre civilisation; nous sommes une nation distincte et à part entière et non pas un élément constitutif de la nation canadienne."

Suit le long cortège des revendications territoriales, tandis que d'autres tribus refusent de signer des accords de dédommagement.

Un "non" crié bien fort, donc, à une société qui a toutes les peines du monde à se définir. On n'ose

imaginer comment l'armée mexicaine aurait mené l'é-
quivalent de la bataille d'Oka en pays maya. C'est que
les Mexicains savent très bien qui ils sont et demeurent
parfaitement sûrs de leur bon droit. Ici, maints Canadiens se sentent coupables de vivre dans une relative
opulence basée — c'est ce qu'ils croient — sur la
confiscation des terres indiennes.

Essayons de voir cela de plus près, et ce à partir
du cas très significatif d'Oka.

Avant-propos

Cet ouvrage est un essai. Comme tel, il ne prétend donc pas épuiser le sujet de la crise autochtone de l'été 1990 et de ses conséquences. Ce serait trop ambitieux.

Ce n'est pas un compte-rendu journalistique. Le Canada étant le pays tranquille qu'il est, la presse s'est jetée sur cette pâture et a couvert les barricades ad nauseam. À tel point qu'à un certain moment, c'était à se demander si ces fameuses barricades auraient eu une vie propre sans la présence des caméras de la télévision. Un nième compte-rendu, fût-il sous un angle original, m'apparaissait donc superflu.

Cela ne veut pas dire que ce petit livre ne traite pas des évènements de l'été indien. Ces derniers sont sa raison d'être même. Interpellé jusqu'à l'obsession par cet affrontement armé, j'ai choisi de prendre un peu de recul pour essayer de voir ce qui se cache derrière le spectaculaire de la guerre des yeux. Le point de vue utilisé est celui de l'observateur agissant qui, non satisfait des récits factuels des péripéties de l'affrontement d'Oka, veut comprendre les pourquoi des gestes posés lors de cet été où tout le monde a eu très chaud.

En même temps, la réflexion somme toute personnelle qui fait l'objet de ce petit bouquin n'est pas gratuite. Elle s'appuie sur des lectures — principalement des documents officiels —, mais surtout sur des mois de rencontres avec des dizaines de gens qui ont joué des rôles dans ce drame.

Lors de ces entrevues, je me suis fait fort de n'utiliser ni caméra, ni appareil photo, ni micro, ni même carnet de notes. J'estime que cette technique inusitée m'a permis de recevoir des témoignages beaucoup plus francs: mes interlocuteurs n'étaient pas inhibés par un enregistrement quelconque, non plus qu'ils essayaient de m'utiliser comme amplificateur pour faire passer leur message à la population. Un minimum de discernement et un gros effort de rigueur et d'honnêteté ont servi de décanteurs, ne retenant — du moins je l'espère — que la substance la plus valable de ces longues conversations.

Un essai tend tout de même à démontrer quelque chose, à répondre à une interrogation. Je suis parti avec la question suivante: "Les Warriors d'Oka étaient-ils justifiés de prendre les armes?". Très vite, il est apparu que non. La question a donc glissé pour devenir "Pourquoi donc ont-ils pris les armes?"

En résumé, ce livre part du constat que la question indienne n'a jamais été réglée au Canada; et cela est peut-être mieux ainsi, ces questions politiques s'étant trop souvent résolues dans la violence. J'en arrive à la conclusion que les Amérindiens font fausse route en menaçant de déterrer la hache de guerre pour s'ériger en groupes privilégiés (ils appellent cela «nations»). Oui, privilégiés, caressant le rêve de vivre de rentes foncières perçues sur les travailleurs de ce pays.

Et tout cela au nom d'une fallacie qui fait la fortune de certains avocats: les droits des premiers occupants.

Hormis la répression des Métis de Louis Riel, le Canada n'a pas connu de véritable guerre indienne. Si cela avait été le cas, le prix de la victoire n'aurait pu être que la disparition de plusieurs tribus autochtones. Cette effroyable tragédie a été évitée; que tous les Canadiens en soient fiers. Les Indiens d'Amérique, dont les moindres ne sont pas les Mohawks, ont connu des siècles de gloire comme excellents guerriers... avant l'arrivée des Européens. Ce n'est pas une raison pour entretenir des fables de revanche: ils perdraient la prochaine bataille.

À l'aube du Ve siècle de ce pays inachevé, le droit du premier occupant me semble être le même que celui de l'immigrant polonais et du Canadien-Français de vieille souche: travailler pour améliorer son sort et grandir ainsi l'ensemble de la nation canadienne.

En terminant, si cette lecture savait vous stimuler, il faudrait en remercier tous les citoyens — des Indiens et des Blancs — d'Oka et de Kanesatake qui m'ont si généreusement permis de partager cette denrée rare par excellence: leur temps. La superbe et très patiente Jayne Balharrie, en plus de m'apporter son soutien indéfectible, a bien voulu lire et relire le manuscrit pour relever une partie des fautes, coquilles et omissions; quelle compagne de route stimulante elle a été!

F.D.

I

Les Iroquois en Amérique

Traversant le détroit de Béring alors bien étroit, les ancêtres des Indiens canadiens sont venus d'Asie, plus précisément de la Sibérie, il y a 25 000 ans. Lorsque les Européens «découvrirent» le Nouveau Monde, les Indiens avaient donc eu le temps de développer un vaste éventail de cultures, de sociétés et de groupes linguistiques riches et diversifiés.

À chaque type d'environnement correspondait une culture indienne originale. Les Assibinoines ou les Sioux des Plaines de l'Ouest, par exemple, n'avaient pratiquement rien en commun avec des Indiens des bois comme les Micmacs.

Tribu du groupe iroquoien, les Mohawks forment l'une des six nations de la confédération iroquoise: Agniers (ou Mohawks), Onéidas, Onondagas, Cayugas, Sénécas, Tuscaroras.

À l'arrivée des Français au Canada (nom qui signifie «villageois» dans la langue huronne-iroquoise), des Agniers occupaient Hochelaga tandis que des Hurons — appartenant au même groupe iroquoien — étaient installés à Québec (qui veut dire «détroit» en Algonquin).

Ces groupes disséminés le long du St-Laurent ne formaient que l'avant-garde — la pointe de flèche — du gros de la population iroquoienne qui se concentrait dans un vaste domaine situé loin de Montréal, occupant à peu près tout le sud-est des Grands Lacs.

Alors que les Algonquins, dispersés sur un immense territoire dont le fleuve St-Laurent et la rivière Outaouais marquaient justement la frontière sud, étaient des chasseurs remarquables qui couvraient leur domaine en canots d'écorce, les Iroquois-Hurons, eux, se comportaient plutôt en fourrageurs. S'installant sur un coin de terre jusqu'à ce qu'elle soit épuisée, ils utilisaient la technique du brûlis pour y faire pousser du maïs, des haricots, du tournesol et des courges.

Leur chasse s'apparentait plus à un saccage qu'à une récolte; et les bois une fois vidés de leur gibier, ils allaient s'établir ailleurs. Grands coureurs — le canot d'écorce restait la spécialité des Algonquins —, leurs incursions chez leurs voisins du Nord semaient la terreur.

Comme les Hurons, les Iroquois étaient divisés en clans matrilinéaires qui pratiquaient l'exogamie, chacun de ces clans étant identifié par un animal totémique.

D'excellents guerriers

Tous les Québécois de vieille souche ont appris à l'école primaire que leurs ancêtres français ont joué sur la rivalité Hurons versus Iroquois pour s'établir en Amérique, rivalité dont les origines se perdent dans la nuit des temps. Pressé par les Hurons, Champlain avait été jusqu'à participer à une expédition guerrière en territoire iroquois en 1609, geste que ces derniers n'ont jamais pardonné aux Français. Cet antagonisme Huron/Iroquois s'est finalement résolu à l'avantage des derniers.

Équipés d'armes à feu par leurs alliés britanniques et hollandais de la Nouvelle-Angleterre, les Iroquois réussirent finalement à annihiler la nation huronne en mars 1649. Et ce malgré le fait que le pays huron (les bords du lac Huron) comptait une population deux fois plus nombreuse (30 000 personnes contre 15 000). Quelques-uns des rescapés sont alors venus se réfugier chez leurs alliés français de Québec (les ancêtres de la bande actuelle de Lorette).

Les guerriers iroquois s'attaquèrent ensuite aux Neutres et aux Pétuns (appelés également Tabacs), deux tribus paisibles qui avaient le malheur d'être les alliés des Hurons.

La nette supériorité militaire des Iroquois s'expliquait autant par l'organisation politique que par la stratégie et la vaillance. C'est que, depuis déjà un siècle et demi, les six nations iroquoises avaient formé une confédération qui interdisait la guerre entre ses membres. Tous les chefs appelés à faire partie de la Ligue devaient souscrire à la devise "Un cœur, un esprit, une loi". C'est le principe politique "l'union fait la force", appliqué chez ces tribus par le chef semi-mythique Deganaouida.

La Ligue était symbolisée par la Long House — l'habitation traditionnelle iroquoise — dont les Mohawks gardaient la porte est, les Sénécas la porte ouest, les Cayugas la porte sud et les Onéidas la porte nord. Les Onondagas, enfin, occupaient le centre de cette représentation géographique de l'unité politique.

Lorsque l'un des cinquante chefs de la Ligue mourait, c'est la matronne du clan qui choisissait son successeur, en consultation avec les autres femmes du clan. Si la personne choisie ne donnait pas satisfaction, la matronne s'empressait de la destituer. Les Iroquois appelaient ce processus le «décornement» du chef, parce que les andouillers qui symbolisaient sa fonction lui étaient alors enlevés.

Un mauvais calcul

Les Français, qui voulaient protéger leur commerce privilégié avec les chasseurs algonquins, multiplièrent les incursions punitives en territoire iroquois et surent ainsi les tenir en respect. Il faut dire que même munis de leurs mousquets à la puissance de feu dévastatrice, les explorateurs français ne se sont jamais aventurés au cœur du territoire iroquois. Ils n'ont donc pu voir de leurs yeux et entendre de leurs propres oreilles le tonnerre d'eau des légendaires cataractes du Niagara.

Mais, peu à peu, la confédération iroquoise perdit de son ascendant et ses nations membres se mirent à péricliter. C'est la victoire de la révolution américaine qui a asséné le coup de grâce au groupe mohawk. Malgré leur finesse politique, ils s'étaient trompés en prenant le parti du perdant: les Britanniques. Après la défaite de la métropole, ils durent donc se replier au nord de la rivière Niagara, au Canada tout frais conquis par ces mêmes Anglais.

Aujourd'hui, le principal obstacle à la satisfaction des revendications territoriales des Iroquois de la région de Montréal demeure l'occupation et l'exploitation actuelles de cette terre par les Canadiens-Français, maintenant société post-industrielle urbanisée.

Les Mohawks contemporains, anglophones en grande majorité, semblent entretenir le plus profond mépris pour cette société au sein de laquelle ils vivent — du moins géographiquement. La renaissance actuelle, avec son cortège de revendications territoriales et ses affirmations de souveraineté politique, risque d'entrer en collision frontale avec un autre élan national: celui des Québécois francophones.

Le choc peut-il être évité?

II

Les Mohawks à Oka

Au commencement étaient les Sulpiciens, aussi appelés les Messieurs de St-Sulpice. Messieurs, parce que Seigneurs de la Seigneurie des Deux-Montagnes, laquelle englobait les territoires actuels d'Oka («poisson doré» en langue indienne) et de Kanesatake. Cette seigneurie leur fut octroyée par Louis XIV, lui-même possédant tout le Canada de droit divin, comme chacun le sait. Comment les Sulpiciens ont-ils pu aboutir à Oka?

Pour répondre à cette question, il faut remonter aux tout débuts de Ville-Marie, la colonie française de l'île de Montréal.

Contrairement à ce qu'il est de bon ton de croire aujourd'hui, les entreprises de colonisation, que ce soit ici ou en Afrique, ne se sont pas toujours avérées des affaires rentables. Dans le cas du Canada, les frais d'établissement très élevés n'étaient que rarement compensés par la production propre de la colonie.

À ses débuts, l'établissement de Ville-Marie a fait perdre beaucoup d'argent à ses commanditaires, la Société de Notre-Dame. À un point tel que cette dernière a dû s'avouer vaincue après seulement vingt-cinq ans d'activités et remettre sa concession au roi. La recherche d'un autre entrepreneur ne fut pas facile mais une congrégation religieuse basée à Paris accepta finalement de relever le défi: en 1663, le Séminaire de St-Sulpice fait donc son entrée sur la scène de la Nouvelle-France.

Plus favorisés par la conjoncture économique et disposant de plus amples ressources financières (meilleure capitalisation) grâce à la congrégation mère de la métropole, les Sulpiciens réussirent à s'accrocher à ce pays qui, comparé à la douce France, paraissait bien ingrat. Néanmoins, la vocation première d'une congrégation religieuse doit avoir quelque chose à voir avec les âmes, de préférence des âmes non encore touchées par la concurrence d'autres religions chrétiennes. Un marché vierge, quoi!

De ces âmes, le Canada regorgeait. N'y avait-il pas ces milliers de sauvages qui n'attendaient qu'une occasion pour entendre la bonne parole? Les Sulpiciens vinrent en Amérique d'abord et avant tout pour accomplir une œuvre qui, au 17e siècle, était considérée comme la plus noble qui soit: l'évangélisation. Ils s'attaquèrent donc à la conversion des sauvages avec un zèle que seule une foi inébranlable permet de soutenir.

L'âme et le pain

Cette entreprise de conversion, comme tout effort de vente, devait s'appuyer sur des arguments solides si elle voulait avoir une chance de réussir. Pourquoi les Indiens du Canada renonceraient-ils à leurs croyances à eux pour épouser une religion basée sur les aventures spirituelles d'un Juif remarquable dans une contrée sans castor ni bouleau, située bien au-delà du grand océan qui borde l'est de l'île d'Amérique?

Les Sulpiciens d'alors ont utilisé les mêmes outils que les Pères Blancs de notre enfance à Madagascar et que les Mormons d'aujourd'hui en Polynésie: soins médicaux (rendus d'autant plus nécessaires que les chamanes étaient impuissants à traiter les terribles maladies nouvelles que les Blancs avaient apportées avec eux), enseignement de la langue de la société dominante, minimum de nourriture, etc. Quand la chasse a été bonne, on se moque bien des Sulpiciens et autres missionnaires qui partagent cet étrange trait de ne pas prendre femme. (À moins qu'ils ne soient à la fois homme et femme? Ne portent-ils pas la robe? Et leurs enfants, où sont-ils? Tout cela devient bien compliqué!). Mais que le gibier vienne à manquer...

Toujours est-il que plusieurs familles d'Iroquois, de Hurons, de Nipissingues, d'Algonquins et autres Indiens de la région, aussi futés et opportunistes que les Africains de notre époque, ont cru faire une bonne affaire en s'agglutinant aux bons Pères nourriciers, à

Ville-Marie d'abord, puis à Sault-au-Récollet, pour aboutir enfin à Oka. D'autant plus que la colonisation rétrécissait inexorablement le domaine de leurs activités traditionnelles.

La religion chrétienne? "Elles ne peuvent pas être si terribles ces croyances partagées par cette multitude de Visages Pâles qui, après tout, ne semblent pas s'en porter plus mal pour autant", pensaient-ils sans doute. "Et il y a peut-être même un lien entre leur puissance technique et militaire et la pratique de cette religion bizarre qui enseigne que la terre est une vallée de larmes où la plupart des plaisirs devront se payer au centuple une fois retourné au royaume des esprits."

De Ville-Marie à Oka

Pendant que les religions chrétiennes sapaient sournoisement la spiritualité indienne, l'alcool s'attaquait aux corps physiques. Et ce avec d'autant plus de facilité que ce produit des civilisations sédentaires (la fermentation prend du temps) fait plus de ravages quand ses hôtes y sont moins accoutumés. Plusieurs chercheurs croient aujourd'hui que la tolérance à ce produit nocif doit se bâtir dans le bagage génétique.

Cela expliquerait que si peu d'Italiens et de Grecs, par exemple, aient des problèmes sérieux d'alcoolisme. Comme ces peuples côtoient la vigne depuis des temps immémoriaux, leurs gênes auraient eu le temps d'apprivoiser la bête.

Malgré que Jacques Cartier ait surnommé l'île d'Orléans "île de Bacchus", aucun indice ne permet de penser que les Indiens du Canada savaient transformer en alcool l'amidon des céréales ou le sucre des fruits. Mais ce n'est pas parce qu'on ne sait pas fabriquer un produit qu'on n'est pas à même de l'apprécier. Pensons aux amateurs nord-américains de vrai chocolat belge...

À Ville-Marie comme ailleurs en Nouvelle-France, l'alcool — c'est-à-dire sa vente illégale aux sauvages par des trafiquants sans scrupules — devint donc le principal obstacle à la co-habitation des deux sociétés. Une fois ivres, les Indiens de la colonie semaient le désordre et terrorisaient les autres citoyens.

À bout de patience, les habitants prièrent donc de la façon la plus ferme les Messieurs de St-Sulpice de déménager les pénates de leur mission auprès des sauvages. En 1696, la mission fut transférée à Sault-au-Récollet sur la rivière des Prairies, hors de portée, espérait-on, des trafiquants d'eau de vie et des occasions de débauche des établissements de la colonie. Ce n'était malheureusement pas assez loin pour les commerçants entreprenants et leurs clients assoiffés.

En 1717, à la demande des Sulpiciens, les autorités coloniales françaises acceptèrent donc de tailler une seigneurie dans les territoires «vierges» à l'ouest de l'île de Montréal, sur les bords de la rivière Outaouais, pour que les prêtres s'y installent avec leur mission indigène. Cette concession de terres boisées de trois lieues de front par trois lieues et demi de profondeur devait compenser la perte des lots de la mission de Ville-Marie. Mais qui dit seigneurie dit obligations. Les Messieurs de St-Sulpice, désormais Seigneurs des Deux-Montagnes, durent donc faire construire une église et un fort en bois et s'engager à mettre tout en œuvre pour remplir leur mission première: l'évangélisation des sauvages.

C'est ainsi qu'une bonne partie des quelque 200 Indiens de la mission de Ville-Marie se retrouvèrent à Oka.

Une charrue pour ton arc

À terme, la mission d'Oka devait pouvoir subvenir à ses besoins et cesser ainsi de drainer les ressources de la communauté mère de Paris. Après tout, le Canada n'était-il pas censé être un pays riche? Il fallait donc sédentariser les Indiens de la mission et les transformer en bons cultivateurs capables d'assurer eux-mêmes leur subsistance. C'était là une entreprise bien ambitieuse qui sous-estimait grandement l'abysse culturel qui sépare le chasseur de l'agriculteur.

Oka a donc vu — et voit toujours — s'affronter deux conceptions très différentes de la vie.

L'agriculture est la base économique de ce que nous appelons civilisation. Elle seule assure la sécurité alimentaire à une vaste population et permet d'enclencher le processus d'affranchissement partiel de la nature, si sujette aux caprices et aux sautes d'humeur. L'agriculteur pratique l'art du détournement à son profit des énergies de la nature, tandis que le chasseur-cueilleur, lui, se contente de tirer le meilleur parti possible de ce qu'offre cette même nature.

La vache a mis bas? L'éleveur la traira bien au-delà de la période de sevrage du veau, ayant remarqué depuis des millénaires combien il est facile de duper certains mammifères en ne cessant de les solliciter. La pluie retourne à la mer en empruntant le raccourci de la cascade? L'homme de la culture agricole bâtira sur son chemin un ouvrage propre à en extirper la force vive: l'énergie cynétique. Ces actes de détournement, d'harnachement des plantes, des animaux et des cours d'eau supposent une organisation sociale d'une complexité à la mesure des tâches à accomplir. La spécialisation s'accentue, la hiérarchie s'installe, le champ de la liberté individuelle se rétrécit.

Et la liberté?

La liberté! Cette qualité qui fait s'échapper le regard dans les nuages qui passent et ne reviendront pas plutôt que de le faire se baisser pour mieux chercher la terre la plus grasse pour y semer son avenir. Cette façon d'embrasser la vie en s'émerveillant de ses contours plutôt qu'en s'efforçant de la posséder. Ce risque énorme et enivrant d'avoir faim demain pour avoir trop fait confiance en la mère-nature dispensatrice de gibier et de poissons.

La liberté, ce prix que les membres de toutes les sociétés dites civilisées paient pour réduire l'inconnu, pour savoir en partie de quoi l'année prochaine sera faite.

Cette liberté qui offre à ses amants l'ivresse suprême — le vertige, aussi — a fait échouer les Sulpiciens d'Oka dans leur tentative de sédentariser complètement leurs "sauvages". Cultiver un peu de maïs et quelques légumes? Passe encore. Mais dompter et soigner des animaux de ferme qui n'ont pas plus envie d'être enfermés que vous-mêmes. Troquer les parfums des bois pour l'odeur du fumier? Le silence infini des espaces inhabités pour le bourdonnement de la prière matutinale? Les rayons caressants des astres célestes pour ceux de la lampe à l'huile? Non merci!!

Cette liberté de suivre le gibier, échangée contre la sécurité de trois bons repas assurés, a laissé un souvenir indélébile dans la mémoire collective des hommes. Cet atavisme ressort jusque dans le fond des bistros parisiens, où les buveurs de bon vin ont absolument besoin de croire que quelque part sur cette planète — peut-être au Canada, justement — il existe encore des peuplades de bons sauvages non encore souillées par l'automobile et les 225 fromages différents. Est-ce pour cette raison qu'ils sont encore surpris de ne pas être accueillis par des Indiens à plumes dans le hall de l'aéroport de Mirabel?

La chasse et les Sulpiciens

Toutes les civilisations complexes ont été fondées sur l'agriculture intensive, donc la sédentarité son corollaire obligé. Pas parce que la vie du cultivateur est plus excitante et plus glorieuse que celle du chasseur. Parce que, pour la même quantité d'énergie humaine, l'agriculteur produit plus de denrées. Et, par voie de conséquence, plus de sécurité et de temps. Une agriculture prospère permet le décollage industriel endogène et, à terme, la société de consommation (et d'expression artistique) telle que nous la connaissons.

Parmi les Indiens de l'est du Canada actuel, les Iroquois-Hurons formaient le groupe le plus sédentaire, vivant autant de la culture du maïs que de la chasse et de rapines chez les Algonquins chasseurs. Mais il ne semble pas que cette agriculture se comparât à celle pratiquée par les colons européens. Comme le gibier foisonnait, très peu d'animaux devaient être domestiqués. Ne connaissant pas les principes de la fumure, et ne disposant de toute façon pas de sources d'engrais, la bande se déplaçait ailleurs après avoir épuisé un coin de terre (ce qui ne prenait qu'une dizaine d'années).

C'est probablement ce qui explique que les berges du St-Laurent aient été à peu près inhabitées à l'arrivée des Français au pays.

Il est difficile d'être à la fois bon chasseur et excellent agriculteur; ce sont deux métiers différents.

Les Indiens du Canada étaient — et sont toujours — de superbes chasseurs.

Les fiers Sulpiciens mirent plus d'un siècle à admettre qu'on ne transforme pas un chasseur en cultivateur en une génération, qu'il ne suffit pas de rebaptiser les Indiens avec des noms comme Gaspé, Montour ou Simon pour en faire des «Canadiens». En bons descendants d'Européens, ces prêtres estimaient que la maîtrise de la terre correspond à une étape supérieure dans l'évolution de l'homme; et la sédentarisation un moyen bien commode de retenir les nouvelles ouailles à l'ombre du clocher — but ultime de toute l'opération, après tout.

Le chasseur, lui — demandez-le à tous les amateurs de chasse des banlieues —, ressent l'appel de la forêt comme irrésistible. Ces Indiens qui ont suivi les Sulpiciens à Oka n'ont pas fait exception. À ce détail près qu'opportunistes, ils ont malgré tout su profiter au maximum de cette situation un peu bâtarde: chasser quand l'appel est trop fort, et faire semblant de cultiver cette terre toute sale quand la rareté du gibier laisse un petit creux dans l'estomac. Ce n'était peut-être pas là la recette de l'édification des cathédrales et de l'invention du piano à queue, mais c'était certainement une bonne façon de tirer le meilleur parti possible des deux principales ressources disponibles dans le Canada d'Oka de cette époque: la forêt et les Sulpiciens.

En 1869, n'y tenant plus, le groupe des Algonquins quitta la mission pour aller exploiter les nouveaux territoires de chasse de la réserve de Maniwaki. Douze ans plus tard, un contingent d'Iroquois partit pour Muskoka, au-delà de la baie Georgienne. Les autres Mohawks restèrent à Oka, mais sans se transformer en producteurs agricoles pour autant.

De guerre lasse, les Sulpiciens prirent alors la décision d'exploiter pleinement leur capital foncier de la Seigneurie des Deux-Montagnes. Ils se mirent à vendre des lopins à de vrais agriculteurs, c'est-à-dire à des Canadiens blancs. C'est à la même époque qu'ils font venir de France des Cisterciens, moines cultivateurs habiles à qui le monde doit le seul grand fromage natif du Canada: le délicieux Oka.

L'arrivée de ces cultivateurs marque le début de la cohabitation rapprochée des deux cultures. Elle marque aussi le début du rétrécissement du domaine que les Mohawks d'Oka considéraient maintenant comme leur.

III

Il était une fois un golf

Pour les naïfs manichéens, le projet d'agrandissement du terrain de golf d'Oka a été la goutte qui a fait déborder le vase. Las de voir leur domaine empiété, les valeureux Warriors mohawks ont tracé la ligne à ne pas franchir entre le 9e et l'éventuel 10e trou du terrain de golf.

Pour plusieurs citoyens d'Oka, prudents et soucieux de ne pas envenimer des relations tout de même tendues entre les deux communautés, le projet de deuxième 9 trous a été l'allumette nonchalamment craquée au-dessus de la poudrière des tensions raciales du village.

Pour certains observateurs dont je suis, enfin, cette banale histoire de golf n'a été que le prétexte utilisé par une bonne partie de la population mohawk pour relancer leurs sempiternelles revendications territoriales.

Commençons par la première balle du premier neuf trous. Elle est frappée quelque part dans les années vingt par un professeur de l'Institut agricole qui se contente de bien peu: lui et son petit groupe utilisent un pré où paissent quelques vaches flegmatiques comme fairways et trois ou quatre périmètres recouverts de sable en guise de verts.

Et ce précisément à l'endroit où s'étale le golf actuel, dans une grande éclaircie de la fameuse pinède qui, fixant ses sables, empêche la dune de l'ouest d'ensevelir le village. Ce champ n'est alors utilisé par personne de façon continue. À l'une de ses extrémités s'étend un terrain de balle — il est toujours là, mais aucun Blanc n'y joue plus. Plus loin à l'ouest, on y retrouve déjà le terrain de crosse des Indiens.

En 1960, après des décennies de ce petit jeu sans conséquence, un groupe de golfeurs d'Oka se met en frais de transformer cette éclaircie en véritable parcours, avec fairways en gazon, verts lisses et ...verts, et autre chose que des bouses de vache où planter leurs tees de départ. Un bill privé est passé à Québec qui transfère la propriété du terrain convoité à la municipalité, à la condition expresse que celle-ci lui réserve un usage récréatif. La corporation municipale se retourne et loue le terrain au club de golf nouvellement formé. Celui-ci n'a plus qu'à trouver assez de membres pour financer les travaux d'aménagement et le premier foursome peut enfin préparer ses fers et ses bois.

On abat donc quelques centaines d'arbres — parmi les plus vieux il est vrai et non sans en planter plus d'un millier de nouveaux —, on construit un modeste chalet avec vue imprenable sur le lac des Deux-Montagnes, et on réunit la petite bourgeoisie locale pour l'inauguration d'un terrain modeste, certes, mais qui compense par l'originalité du cadre: des pins majestueux.

Ainsi donc, un bien communal — un terrain vague utilisé jusque-là aussi bien par les Indiens que par les Blancs — devenait l'apanage exclusif d'un club semi-privé: le club de golf d'Oka. Semi-privé parce qu'ouvert au public, avec priorité aux résidents d'Oka de toutes les races. Un Indien a d'ailleurs été champion du club il y a quelques années.

Même s'il fut assez anodin, il y eut quand même détournement de bien public; et ce pour permettre à un petit groupe de s'offrir un terrain de golf à un prix fort intéressant.

Vandalisme politique

Dès les premières parties, des actes de vandalisme signalent aux joueurs que ce terrain n'est pas comme les autres. Les inscriptions genre "This is Indian Land" creusées dans le gazon se mettent à décorer les pentes douces de certains verts, des voiturettes électriques sont endommagées et, certaines nuits sans lune, des quatre-roues motrices s'en donnent à cœur joie dans les trappes de sable et sur les verts.

C'est que, géographiquement, ce premier 9 trous s'étale sur un espace que les Mohawks considèrent doublement leur. D'abord, parce qu'ils ont travaillé — contre une rémunération de 3¢ par arbre planté, tout de même — à la plantation de cette pinède qui a réussi à fixer la dune de sable. Ensuite et surtout, parce qu'ils n'ont jamais cessé de revendiquer toute la région historiquement occupée par la Seigneurie des Deux-Montagnes.

Pourquoi la pinède est-elle devenue une frontière tacite avant de devenir un champ de bataille? Parce que, à cause de sa nature même, aucun développement ne s'y est jamais fait. Les Mohawks, installés à l'ouest de cette forêt pour la plupart, se sont fait dire par ces travaux d'aménagement: "Voyez comme vos revendications territoriales sont sans fondement: même la pinède n'est pas intouchable."

Ce golf était donc la preuve flagrante de la nature chimérique des prétentions indiennes sur la région. C'était dur à avaler.

Avant d'aller plus loin, faisons la distinction entre une revendication et une réalité. Le bien-fondé d'une revendication n'a rien à voir avec le nombre des décibels utilisés pour l'exprimer, ou le nombre de fois qu'elle a été formulée, ou encore la période de temps pendant laquelle cette revendication est maintenue en vie. Dans un système légaliste comme le nôtre, ce sont les cours de justice qui se prononcent sur la valeur d'une revendication. Une fois atteint le dernier palier judiciaire (aujourd'hui, la Cour Suprême; au début du siècle, le Conseil Privé de Londres), il faut se résigner si on est débouté.

L'autre attitude consiste à rejeter le cadre juridique du pays où l'on vit, à faire fi des tribunaux britanniques et canadiens, et à crier bien fort que seule la nation mohawk peut se faire justice, avec armes à l'appui si nécessaire. On veut alors traiter de nation à nation et d'égal à égal (comme si quelques dizaines de milliers d'individus faisaient le poids). Cette voie est suicidaire parce qu'elle peut être interprétée comme une déclaration de guerre. Et c'est trop souvent par ce moyen que les nations règlent leurs différends.

À l'ère de la télévision, les micros et les caméras peuvent être mis à contribution pour essayer de convaincre de la valeur d'une cause le nouveau juge de dernière instance des démocraties modernes: l'opinion publique. Les Indiens du Canada en général et les Mohawks du Québec (et ceux de l'état de New York) en particulier sont visiblement en train d'acquérir la maîtrise de ce jeu médiatique.

Mais ce n'est pas parce que, depuis trente ans, je clame haut et fort être plus vieux que mon frère aîné que celui-ci, de guerre lasse, va soudainement rajeunir de cinq ans. Si une recette comme celle-là marchait, ça se saurait.

La dure réalité légale de la pinède d'Oka, c'est qu'elle n'a jamais appartenu aux Mohawks, non plus d'ailleurs que la Seigneurie des Deux-Montagnes qui l'englobe. Cela a été clairement établi par plus d'un siècle de pétitions rejetées par les différentes instances gouvernementales, du commandant militaire Campbell au surintendant général Macdonald des Affaires indiennes, en passant par le gouverneur général Lord Elgin; ainsi que par de multiples procès qui ont finalement abouti au Conseil Privé de Londres, lequel a définitivement débouté les Mohawks en 1917.

Anecdote cocasse: le mémorable Centre de désintoxication qui a servi de dernier périmètre aux Warriors et à leur bouclier de femmes et d'enfants, avait d'abord été construit pour servir de résidence à feu Me Aimé Geoffrion, celui-là même qui gagna cette cause devant le Conseil Privé pour les Sulpiciens.

Malgré ce revers qui se voulait final, le mythe est entretenu, comme une fabulation de la terre promise qui fera de chacun des Iroquois statutaires d'Oka et de Kanesatake un riche rentier vivant des royalties perçues pour l'exploitation de ses terres sur Outaouais. Il faut se rappeler que, par tradition, les Iroquois valorisent beaucoup les beaux discours et les qualités d'orateur chez un chef. Comme terrain de surenchère oratoire, la Seigneurie est dure à battre. Et passé un certain degré, cela s'appelle de l'auto-intoxication verbale.

L'ouverture du premier 9 trous, donc, a été ressentie non pas comme un empiétement de territoire, mais comme une mornifle, un réveil brutal du merveilleux songe maintenant centenaire de la propriété seigneuriale.

Le cimetière sacré

Pour ce qui est du fameux cimetière sacré, il s'agit d'un terrain cédé au début du siècle par la municipalité d'Oka à l'église méthodiste du village, confession à laquelle se sont convertis la plupart des Iroquois au siècle dernier en même temps qu'ils adoptaient la langue anglaise. Ils croyaient qu'en rendant la présence du missionnaire catholique (un Sulpicien) inutile, celui-ci rentrerait à Montréal et que les Sulpiciens leur remettraient la Seigneurie. C'était infiniment sous-estimer l'attachement aux biens de ce monde des Messieurs de St-Sulpice, lesquels n'ont jamais fait vœu de pauvreté.

Ce cimetière donc, sacré comme tous les cimetières du monde, se trouve juste à l'ouest du clubhouse du golf et n'a jamais été menacé par qui que ce soit. Cet argument relève donc de l'élément «tout bois» dans l'expression «faire flèche de tout bois».

Le problème avec un mythe, c'est qu'il est jalousement maintenu par ceux qui ont besoin de lui. Comme il n'a pas de vie propre, il est impossible de le tuer; il renaît sans cesse dans l'esprit de ceux qu'il sert. Ceux-là l'entretiennent et le défendent farouchement et, pris eux-mêmes au jeu, finissent par confondre ce mythe avec la réalité.

IV

L'étincelle: le 2ᵉ neuf trous

La suite naturelle d'un premier 9 trous, c'est un deuxième; pour enfin disposer d'un vrai golf professionnel de 18 trous.

Pour se compléter, le club de golf d'Oka a choisi de prendre de l'expansion vers l'ouest, à même un terrain municipal et une terre boisée appartenant à un certain Rousseau, résident de Poitiers, en France. Ce dernier l'avait rachetée de M. Clovis Arès, qui lui-même l'avait acquise du célèbre baron belge Louis Ampain (dont le père avait fait fortune avec le métro de Paris), à qui les Sulpiciens l'avait cédée. M. Rousseau projetait de cercler le nouveau neuf trous de quelques dizaines de résidences.

La municipalité d'Oka, en achetant une partie de la terre de M. Rousseau et en la louant au club de golf (pour 18 000 $ par an, indexé), faisait également une bonne affaire. Les taxes sur les nouvelles résidences du golf représentaient en effet un potentiel de 150 000 $ par année, montant non négligeable pour des coffres municipaux qui ne sont alimentés par aucune industrie digne de ce nom.

Le club de golf, lui, n'aurait été que locataire. L'identité ou la nature du propriétaire du fond de terre importait peu à ses membres. À preuve: conscient des revendications territoriales des Mohawks de la région, le club avait envoyé une délégation rencontrer le chef Clarence Simon pour lui proposer un arrangement. Si jamais, offrait le club, ces terrains étaient déclarés propriété des Indiens, le montant du loyer annuel serait automatiquement transféré à la bande de Kanesatake, reconnaissant ainsi les nouveaux propriétaires.

Cette proposition visait à éviter que le terrain de golf ne serve de champ de bataille dans la guerre du territoire, laquelle s'annonçait depuis des années à grands coups de labourages nocturnes des verts. La réponse du chef Simon fut sans équivoque: "No, never." On connaît la suite.

Les Canadiens-Français n'ont pas beaucoup développé cette institution qu'est le club privé, par conséquent fermé et ségrégationniste (on dit «exclusif»). L'arrivée du club privé coïncide peut-être avec un plus grand contrôle des rênes économiques. Quoi qu'il en soit, on voit mal un Indien s'y complaire. Le club de golf, même semi-privé comme celui d'Oka, devient un indice supplémentaire de la distance qui sépare les deux cultures, indice/symbole placé maladroitement au point de rencontre géographique traditionnel des deux groupes.

Il n'a pas été placé là par provocation. La pinède jouxtait simplement un terrain municipal, faisant de l'endroit — quelques tours de passe-passe politiques aidant — le site le moins cher. Et une fois lancées avec le premier neuf, les élites locales et leurs amis des environs, tout argentées qu'elles fussent, ne pouvaient tout de même pas se payer un déménagement du club et construire un dix-huit trous tout neuf ailleurs (aux prix d'aujourd'hui, chaque vert coûte 25 000 $ au bas mot).

La décision de la municipalité d'Oka d'aller de l'avant avec le deuxième neuf trous a provoqué une levée de boucliers de la part principalement a) des Mohawks qui voyaient là un nouvel empiétement sur des terres qu'ils revendiquent depuis longtemps (même s'ils ont toujours été déboutés par toutes les cours de justice); b) d'écologistes réfractaires au «progrès» qui n'arrivent pas à admettre qu'on saccage la plus vieille forêt plantée du Québec pour faire place à un terrain de jeu pour retraités. Cette alliance naturelle entre protecteurs de l'environnement et Indiens recèle un potentiel politique immense, compte tenu du préjugé favorable qui veut — hélas trop souvent à tort — que l'Amérindien soit un grand défenseur de la nature.

Pour certains membres du Conseil municipal d'Oka et du club de golf, les Mohawks, bien plus encore que les militants de l'environnement, sont des empêcheurs de tourner en rond. Il faut dire qu'une bonne partie de la petite bourgeoisie locale est d'arrivée relativement récente (10-15 ans). Pour eux, les Indiens de la dune de l'ouest sont une nuisance. Contrairement à la plupart des résidents de vieille souche qui ont appris à accepter les Indiens tels qu'ils sont et à vivre en bonne entente relative avec eux, certains de ces nouveaux venus les voient comme des «sales» qu'il faut garder le plus loin possible pour poursuivre en paix la marche vers le progrès.

Pour ces gens, idéalement, les Mohawks feraient comme les Algonquins qui vivaient là au siècle dernier et déménagèrent leurs pénates plus loin au Nord (en 1869, les Algonquins de la mission sulpicienne d'Oka quittèrent la région pour les territoires de chasse de Maniwaki, sur la rivière du Désert).

Campions et bourgeois

Certains pourront arguer que cette ridicule initiative de deuxième 9 trous aura au moins eu le mérite de faire crever l'abcès du racisme qui couvait depuis des générations. Comment ce monstre a-t-il pu naître et se développer chez nous, nous qui nous croyions à l'abri?

Une certaine xénophobie semble être un phénomène universel et pratiquement inévitable dès lors que deux groupes un tant soit peu différents sont appelés à vivre côte à côte. Les caractères morphologiques différents ont l'énorme avantage de faciliter l'identification et la catégorisation. L'étranger représente l'inconnu, donc un certain danger. Pourquoi se casser la tête à décoder des comportements non familiers quand il est si facile de rester entre nous?

Le racisme dans le premier sens du terme, c'est-à-dire la ferme conviction que la race à laquelle j'appartiens est intrinsèquement supérieure à une autre, constitue une aberration de l'esprit heureusement assez rare chez nous. C'est le fait du simplet qui a besoin d'une raison facilement identifiable, tangible, pour expliquer ses propres faiblesses. Cela lui permet de se situer parfaitement dans un corps social complexe comme le nôtre. Le racisme représente, entre autres choses, un beau cas de paresse intellectuelle avancée.

Pour amplifier encore les choses, les groupes humains différents physiquement le sont aussi le plus souvent culturellement. L'habitant d'une concession de Ouagadougou ne partage absolument pas la vision du banlieusard de Repentigny de ce que devrait être la cité idéale. À Oka, un certain idéal blanc représenté par les coquettes propriétés du bord de l'eau ne dit pas grand chose au Mohawk installé dans le rang du Milieu. Pour notre petit-bourgeois de la rue Tranchemontagne ou de l'avenue St-Jean Baptiste, ce Gabriel vit en campion. Pour notre Indien, ce Turgeon gaspille décidément trop de temps à repeindre sa maison et à essayer de transformer sa pelouse en tapis vert.

C'est la relation même avec la nature qui diffère. Pour le Blanc, la nature est une matière brute qu'il faut ordonner, transformer à son image, elle-même calquée sur Dieu (le prétentieux!). Les végétaux et les animaux, hormis quelques dizaines d'«utiles», sont des nuisances qu'on ne tolère que dans les terrains vagues et la profondeur des forêts. La nuit, éclairée ou non de l'astre d'argent, représente le domaine de l'inconnu par excellence, donc des dangers; c'est également le lieu du péché de fesses. Avec un peu de chance, l'énergie électrique sera un jour tellement abondante que l'on pourra chasser définitivement les ténèbres des régions habitées du pays. Finis alors les vols, viols et autres crimes, croit-on. Les phantasmes pourront enfin être remis à leur vraie place: le subconscient profond et les salles obscures de cinéma.

Pour l'élite d'argent d'une petite ville, un club de golf incarne un lieu protégé où l'on peut rencontrer ses pairs dans une ambiance amicale à peu près exempte de compétition (le golf se joue d'abord contre soi-même). Un neuf — ou mieux, un dix-huit — représente l'activité de détente par excellence de l'homme d'affaires ou du professionnel surmené.

La construction d'un parcours de golf constitue également un bel exercice de contrôle de la nature. C'est un espace vert, mais d'une verdure apprivoisée, domptée. Le fairway n'est pas un terrain vague, c'est du gazon moyennement entretenu; le vert idéal est un tapis végétal posé sur une suite de pentes aux inclinaisons trompeuses; la trappe de sable rappelle que la nature recèle tout de même des pièges; l'étang, enfin, vient couronner le décor «naturel» des plus beaux terrains de golf.

Le consensus

Peu nombreux, l'Indien a pu se contenter de cueillir le trop-plein de la nature. Pourquoi changer un état de choses qui permet de satisfaire pleinement ses besoins vitaux? Pourquoi accumuler des biens quand sa vie consiste à suivre un gibier nourricier? La bonne gestion, dans la culture indienne traditionnelle, consistait à protéger son territoire de chasse et à restreindre ses ponctions sur la crête de la pyramide écologique.

Cette façon de composer sans cesse avec la nature plutôt que d'essayer de la transformer marque toute la vision indienne. Les rapports avec les éléments de la terre, avec le support matériel de la vie s'en trouvent différents. L'âme est omniprésente parce qu'habitant toutes les choses, qu'elles soient animées ou pas, et non pas parce que représentante d'un être tout-puissant ordonnant la vie. Cette «diffusion» du spirituel qui caractérise l'animisme explique peut-être pourquoi la recherche du consensus est si primordiale. Tout doit être en accord; il s'ensuit que tout le monde doit être d'accord.

Mais dans les faits, ce bel idéal social est impossible à atteindre. La petite communauté de Kanesatake abrite presqu'autant de factions politiques différentes qu'on y trouve de familles étendues (autant de chefs que d'Indiens). L'identification d'un leader représentatif est d'ailleurs devenue un véritable casse-tête pour tous les négociateurs gouvernementaux. Ce qu'un chef a signé un jour peut très bien se retrouver invalidé par un autre chef le lendemain.

Les «traditionalistes» n'ont que mépris pour les Conseils de bande tandis que quelques «mères de clan» font et défont les organigrammes politiques au gré de leurs humeurs changeantes. Tout ça sous l'œil amusé du chef de guerre qui est là pour assurer... la paix.

L'immense majorité des groupes humains habitant la planète Terre ont résolu ce problème par une forme ou une autre de démocratie. La majorité impose sa volonté au reste... jusqu'à la prochaine élection. Cette formule considérée comme le moins mauvais des systèmes politiques n'est pas parfaite, mais elle marche.

Proposez cette formule aux militants mohawks et ils la balaient du revers de la main. "L'institution appelée démocratie nous est inacceptable, s'offusquent-ils, puisqu'elle vient des Blancs." C'est le dernier complot colonialiste.

Cette supposée recherche constante de consensus comporte deux avantages principaux. Tout d'abord, elle permet de présenter une position floue et toujours changeante à son interlocuteur.

Ensuite, elle masque les divisions à l'intérieur de la bande. Si un individu es tenté d'inscrire son désaccord vis-à-vis les agissements des Warriors, par exemple, on peut toujours dire de lui qu'il ne représente personne (sans élections, comment le vérifier?). Ainsi, l'image du groupe homogène demeure intacte. Et tant pis si la faction littéralement la mieux armée prend le pouvoir effectif.

Le fameux consensus mohawk, c'est le masque qui sauve la face.

On comprendra tout de suite que l'émergence d'une élite bourgeoise indienne remorquant le gros de la population de Kanesatake et, tant qu'à faire, s'adonnant à la pratique du golf, ce n'est pas pour demain.

V

Des indiens à barbe

Les Mohawks ne sont pas des Algonquins ou des Montagnais. À l'arrivée des Français au Canada, les Iroquois étaient déjà quelque peu sédentarisés et pratiquaient une agriculture rudimentaire. Une saison de végétation de 140 jours en moyenne permettait à leurs femmes de faire pousser du maïs et des légumes que complétait l'apport du gibier. Les Algonquins, eux, étaient des chasseurs-cueilleurs à plein temps et sillonnaient la plus grande étendue du Nord-Est canadien dans leurs ingénieux canots d'écorce de bouleau pour pratiquer ces activités. Pour eux, le colon représentait moins une menace et un concurrent qu'un nouveau marché pour leurs fourrures.

Les Iroquois étaient plus attachés à la terre. La conquête implicite — c'est-à-dire sans le nom et sans le sang — du sol a donc eu une signification plus grande pour ces premiers occupants. Cela explique en partie leur insistance un peu absurde à revendiquer —

entre autres territoires — la propriété d'environ 1 400 kilomètres carrés de terres sur l'Outaouais, incluant l'ancienne Seigneurie des Deux-Montagnes.

Au fil de la colonisation française en Amérique, les Iroquois sont ainsi devenus les ennemis héréditaires des habitants canadiens. Nous avons vu qu'une grande partie des Mohawks du Nord de l'état de New York, à la suite d'un mauvais calcul politique, avait dû se réfugier au Canada après 1781 et rejoindre leurs cousins du nord du lac Ontario et de la région de Montréal. Si le Canada avait été tout petit, nous aurions alors connu une véritable guerre entre ces Iroquois nouveaux venus et les habitants canadiens-français. Mais l'immensité du territoire aidant, les frictions se sont diluées dans l'espace et dans le froid.

Le souvenir du régiment de Carignan, mandé de France en 1665 pour «pacifier» le Canada, a certainement contribué à maintenir le couvercle sur la marmite. Il faut dire que ces opérations militaires n'avaient rien eu de promenades dans les bois. Malgré leur puissance de feu, les huit compagnies de ce régiment de 1 100 fantassins mirent 35 ans à obliger les Iroquois à déposer les armes. Pourtant, à peine un an après leur arrivée au pays, ces troupes placées sous le commandement du Marquis de Tracy n'avaient pas hésité à brûler la majorité des villages mohawks. Ce n'est qu'après une expédition punitive dirigée, en 1696, au cœur de leur territoire par Frontenac en personne que les Mohawks acceptèrent de «négocier».

C'est dire la force militaire relative des Iroquois d'alors. Une paix durable entre les deux camps ne fut signée à Montréal qu'en 1701.

Quand les édiles municipaux d'Oka avancent que l'affaire du golf n'a été qu'un prétexte utilisé par les Mohawks pour rouvrir une énième fois le dossier des revendications territoriales, ils n'ont certainement pas tort. L'erreur a été de leur fournir cette occasion... pour un enjeu aussi insignifiant qu'un second neuf trous de golf.

De vrais Indiens?

Comme les Mohawks n'ont pas suivi les Algonquins (si on fait exception du groupe qui a déménagé à Muskoka, à l'ouest de la baie Georgienne, en 1881), Visages Pâles et Peaux-Rouges se côtoient à Oka depuis maintenant cinq générations. Et cela pas toujours dans l'animosité réciproque, si l'on en croit les nombreux Indiens à barbe et moustache, ces autres aux yeux verts ou bleus, ces autres encore aux cheveux roux ou blonds. Soit dit en passant, bien malin celui qui pourrait dénicher un seul Indien de sang pur parmi les 1 500 Mohawks d'Oka/Kanesatake (1500 personnes, ce sont les effectifs de la bande; divisez par deux pour avoir la population véritablement résidente). En fait, dans la majorité des cas, l'appartenance raciale est plus affaire de définition légale que de traits physiques.

La plupart des Warriors qui ont défilé au Palais de Justice de St-Jérôme au sortir de l'été 90 ne font pas exception. La moustache drue et la bedaine renflée par la bière leur donnent plus l'air de motoneigistes à pied que de nobles guerriers frères de race et émules du valeureux chef Deganaouida. Comme le suggère son nom de guerre, Lasagna a visiblement plus de sang italien que de sang indien dans les veines. "Cacher ces traits de Blancs que les caméras de la télévision ne sauraient voir" explique sans doute en bonne partie les masques portés par les Warriors des barricades.

Cela n'empêche qu'un Mohawk barbu, à la calvitie avancée et aux yeux bleus (toutes caractéristiques propres à la race blanche) se définit distinctement comme un autochtone. Cette auto-définition est-elle suffisante, lorsqu'il s'agit de réclamer la propriété du cinquième du pays? Fait remarquable, la femme blanche de ce Mohawk légal épouse bien souvent la cause indienne avec encore plus de passion que ne le fait son mari, du moins à Kanesatake.

Compte tenu de ce que nous avons vu des différences profondes de visions de la vie entre les deux cultures indienne et blanche, les romantiques pourraient s'attendre à trouver à Kanesatake une sorte de paradis écologique dans lequel les habitants se déplacent à pied ou à cheval pour se réunir dans de grands wigwams communaux chauffés au bois, où les vieux profitent des longues soirées d'hiver pour transmettent verbalement la tradition.

Déception! Les maisons y sont aussi tristement carrées qu'ailleurs, seulement nettement plus délabrées que la moyenne canadienne; les minounes rouillées abondent, les moins maganées sur les routes, les autres décorant les fonds de cour; le téléviseur couplé au lecteur de vidéo-cassettes tient lieu d'âme du foyer. Dernier gadget motorisé: l'omniprésent mini-véhicule tous terrains, comme partout dans les campagnes québécoises reculées. Les cyniques pourraient dire que tout ce qui manque pour compléter le portrait du Mohawk assimilé de Kanesatake, c'est un mini-putt ou, pour les plus nantis, un abonnement au golf local.

Cette acculturation n'est-elle pas inévitable, étant donné que a) il n'y a pas, à Oka, de territoire de chasse; b) la région est tellement près de Montréal qu'on peut téléphoner là-bas sans frais d'interurbain; c) enfin et surtout, très peu de gens, quand ils ont le choix, disent "non" au chauffage central et à l'automobile?

Devant cet état de fait, une interrogation investit irrésistiblement l'esprit et appelle une réponse, au risque d'indisposer bien des gens: "Ne pourrait-on pas dire que le fait que la majeure partie des Mohawks de Kanesatake peuvent difficilement être considérés comme de «vrais» Indiens enlève beaucoup de substance à leurs revendications?" En effet, quand un groupe donné d'individus soumet à la majorité qu'il forme une entité à part, «distincte» du corps principal, ce groupe doit être prêt à établir solidement sa distinction.

Chacun des individus en question doit pouvoir prouver son appartenance au groupe «distinct». Et cela d'autant plus indubitablement que les enjeux sont élevés. Les Indiens réclament le cinquième du territoire canadien. Pour que la preuve soit à la mesure de ce gros lot, les témoignages devront être en béton armé, et, par voie de conséquence, rendus par de vrais Indiens.

Des balles différentes

À Oka, les différences entre Canadiens-Français pure laine et Indiens plus ou moins pur cuir si minimes soient-elles, les deux reconnaissent facilement leurs congénères et ne se mélangent plus facilement.

Des vieux parlent avec nostalgie du temps où, le dimanche après-midi, les citoyens de tout le village d'Oka (le toponyme Kanesatake, signifiant «colline de sable» en langue iroquoise, n'est apparu que vers 1985) se réunissaient à la commune de la pinède pour assister aux parties de balle. Après celles-ci, tout le monde se déplaçait au terrain de crosse, juste à côté, pour suivre ce spectacle original. Pour plusieurs, c'est le premier neuf trous qui a mis fin à cette tradition en divisant physiquement la pinède: l'est pour les Blancs, l'ouest pour les Indiens.

Deux doigts de vision politique auraient empêché l'édification de ce no-man's land qui venait confirmer dans la géographie une division sociale grandissante.

Les Indiens d'alors avaient laissé faire. Il faut dire qu'à l'église ils avaient appris, comme tout le monde, où était leur place. Les trois derniers bancs et la moitié du jubé pour eux, les allées latérales pour le bon peuple teint clair, la grande allée occupée par les professeurs de l'école d'agriculture, les premiers bancs réservés pour le marchand général et les autres notables du village.

Les Blancs de l'époque ont également laissé faire.

La presque-réserve de Kanesatake

Si les membres des deux communautés se sont malgré tout beaucoup fréquentés depuis un siècle, il faut peut-être en remercier le statut particulier de la communauté indienne d'Oka.

Les 7 356 hectares (avant l'ajout de 39 hectares suite à l'été chaud de 1990) occupés par la communauté mohawk de Kanesatake n'ont jamais constitué une réserve à proprement parler, et ce à la demande expresse des résidents indiens concernés.

Voyons d'abord ce que sont les 2 250 réserves indiennes du Canada.

Le concept de réserve est apparu pour la première fois avec la Royal Proclamation de 1763, laquelle visait à réserver d'immenses portions du pays nouvellement conquis à l'usage exclusif des tribus indiennes. La Couronne britannique avait vite compris que les sauvages du Nord de l'Amérique n'étaient pas équipés pour résister à la pression des colons blancs. Ces derniers étaient en effet vite passés maîtres dans l'art de flouer l'Indien avec des transactions genre "deux bouteilles d'eau de vie pour ton territoire de chasse".

Des domaines furent donc taillés à même l'immensité canadienne qui ne pourraient en aucune façon être utilisés par les Blancs. En fait, aucun non-résident n'a le droit de mettre le pied sur une réserve indienne sans y être invité. La réciproque n'est pas vrai: un Indien n'est pas obligé de vivre sur une réserve. L'ensemble de l'Amérique du Nord lui est ouverte, mais la réserve représente une sorte de sanctuaire où beaucoup d'Indiens retraités vont d'ailleurs couler doucement une fin de vie.

La superficie totale des 2 250 réserves du Canada n'est pas négligeable: six millions cinq cents mille acres, soit l'équivalent de la moitié de la Nouvelle-Écosse. Cela exclut naturellement les territoires des Inuit et des Crees du Nouveau-Québec, ainsi que les immenses étendues du Nord-Ouest canadien qui ont fait l'objet d'ententes spéciales avec les autorités fédérales ces dernières années.

La délimitation d'une réserve s'effectue par Arrêté en Conseil et le gouvernement fédéral demeure propriétaire du fond de terrain, ce toujours dans l'esprit de ce rôle tutoral qui interdit l'aliénation des terres indiennes. De cette façon, personne — ni un individu, ni une société — ne peut s'approprier ce capital foncier. C'est paternaliste, mais efficace.

Cela veut dire que la maison d'une famille indienne repose sur un sol qui ne lui appartient pas
vraiment. Par contre, rien n'empêche un Indien d'acquérir un terrain à l'extérieur de la réserve. Mais
franchises les limites de ce domaine protégé, il entre
en concurrence avec les autres Canadiens.

Les terres habitées par les Mohawks de Kanesatake ont été acquises des Sulpiciens (reconnaissant de
ce fait ces derniers comme propriétaires historiques)
par le gouvernement fédéral pour leur usage exclusif
dans les années quarante. Elles sont toujours propriété
de la Couronne, mais les Indiens — et seulement les
Indiens — y sont chez eux. C'est le fait qu'aucun
Arrêté en Conseil ne les ait délimitées qui les différen-
cie d'une réserve au sens de la loi. Quand la question
s'est posée, les résidents ont préféré le statut actuel.

Il n'y a donc à Kanesatake aucune terre commu-
nale appartenant à l'ensemble de la bande. Nous n'a-
vons ici que des «propriétés privées», si l'on peut dire.

Pour le promoteur de l'extérieur, que les terrains
de Kanesatake constituent une réserve ou pas, le résultat est le même: les terres indiennes ne sont ni à
vendre, ni à louer, ni à «annexer» pour un quelconque
club de golf, et ce aussi longtemps que le gouvernement fédéral maintiendra telle quelle la Loi sur les
Indiens.

VI

À qui appartient Oka...
et le Canada?

Ainsi donc, certains Mohawks d'Oka, appuyés par la Société des Warriors dont le gros des effectifs provient des réserves de Kahnawake (Caugnawaga) et Akwasasne (St-Régis), décidèrent, au début de l'été 90, de prendre les armes pour défendre leurs terres traditionnelles. C'est du moins ce qu'ils disent.

Pour l'opinion publique, lorsqu'un groupe prend le risque d'utiliser la violence pour appuyer ses revendications, ces dernières ont de fortes chances d'être fondées. Par une sorte de transfert, on se dit que, comme nous on n'emploierait la violence que si nous étions absolument sûrs de notre bon droit, les autres doivent fonctionner de la même façon.

De plus, l'expression "revendications territoriales traditionnelles" charrie un petit quelque chose de noble et de légitime. L'émotivité aidant, on oublie que l'épithète "traditionnelles" s'applique aux revendications, et non pas aux territoires. En fait, la revendication territoriale est devenue, au fil des décennies, la plus vivace des traditions politiques des Mohawks d'Oka. De génération en génération, l'idée est entretenue que la Seigneurie des Deux-Montagnes appartenait aux ancêtres, qui se la sont fait spolier par ces intrus de missionnaires sulpiciens.

La preuve de cette propriété?

Tout d'abord, la certitude que des Mohawks campaient sur les bords du Lac des Deux-Montagnes bien avant que le Maloin Jacques Cartier ne se mette en frais de traverser l'Atlantique pour étendre le domaine du roi de France. C'est l'argument du premier occupant.

Ensuite, que les Sulpiciens n'ayant pas réussi dans leur tâche d'évangélisation et de «civilisation», ils ont perdu leur droit de propriété il y a bien longtemps, et tous ceux qui ont acheté des terres d'eux se retrouvent aujourd'hui en situation de recel.

Commençons par ce dernier argument. Nous avons vu que les Messieurs de St-Sulpice s'étaient vu octroyer la Seigneurie des Deux-Montagnes pour qu'ils puissent poursuivre la «mission» entamée auprès des "sauvages" sur l'île de Montréal. La colonie française d'alors voulait éloigner les Indiens des établissements de Ville-Marie, les trouvant un peu trop portés sur la bouteille au goût des habitants. La Seigneurie des Deux-Montagnes était donc d'abord et avant tout une mission, son deuxième rôle consistant à servir de poste d'avant-garde militaire vers l'Ouest.

Rappelons que nous n'avons pas affaire ici à une mission venue s'implanter parmi les Indiens; ce sont plutôt les Indiens qui l'ont suivie, chassés de la colonie de l'île de Montréal. Cette colonie était installée au point de rencontre des trois principales tribus de cette partie du Canada à l'arrivée des Français: les Iroquois au sud, les Hurons à l'ouest et les Algonquins au nord-est.

Revenons au premier argument.

Au fond, que des Mohawks — ou des Algonquins, ce qui est beaucoup plus probable — aient campé sur les bords de la rivière Outaouais n'a que peu d'importance. Tous admettent qu'à l'arrivée des Européens, cette région n'était pas vide d'êtres humains. C'est l'argument-massue du premier occupant.

Ici, nous sommes obligés d'élargir le débat.

Le premier occupant

Nous touchons là le nœud des revendications indiennes, pas seulement à Oka mais dans tout le Canada. À qui appartient la terre, avec toutes les richesses qu'elle renferme? À celui qui l'occupe, ou à celui qui l'exploite? Au chasseur ou au laboureur? À l'occupant ou à l'habitant?

En dernière analyse, le seul argument qui assoit les revendications territoriales amérindiennes est celui des droits du premier occupant. Les Mohawks qui habitent aujourd'hui Kanesatake et les deux réserves de la grande région métropolitaine sont les descendants de populations qui sont arrivées au Canada bien avant les ancêtres des Blancs d'Oka ("Mes ancêtres sont plus vieux que les tiens."). Mais un fort contingent de ces Mohawks venait lui-même du nord de l'état de New York, région dont ils ont été chassés après la révolution américaine. Est-ce à dire qu'ils ont droit également à une partie de cet état américain. Ou qu'ils ont moins de droits que leurs congénères Mohawks qui originent d'ici. Comment chiffrer tout cela?

Toujours après la guerre d'Indépendance de nos voisins du sud, les Loyalistes ont été installés par la couronne britannique sur des terres que les Canadiens-Français d'alors estimaient certainement faire partie de leur pays, conquis il est vrai, mais depuis une vingtaine d'années seulement. Les Québécois francophones d'aujourd'hui ne seraient-ils pas en droit de confisquer purement et simplement tout ce qui appartient aux anglophones des Cantons de l'est?

Les Hurons de la minuscule réserve (143 hectares) de Wendaké, en banlieue de Québec, sont les descendants des rescapés du massacre iroquois perpétré dans leur pays d'origine, la Huronnie, laquelle s'étendait sur les rives du Lac Huron. Est-ce que cela signifie que la cour de La Haye devrait remettre ce grand lac à la bande de Max Gros-Louis? Avec, ou sans les centrales nucléaires qui ont poussé sur ses berges?

Les descendants des Aztèques, quelle que soit la proportion de sang indien qui coule dans leurs veines, ne sont-ils pas les véritables propriétaires du Mexique, avec son pétrole, ses centres de villégiature et une commission sur les tacos?

On ne refait pas l'histoire!

Si la roue — d'ailleurs inconnue des Indiens d'Amérique — avait été inventée l'an dernier, son concepteur n'aurait pas besoin de la loto pour toucher le gros lot. Heureusement pour le genre humain, l'invention de la roue, tout comme celles de l'arc, de la flèche et du papier, remontent à des époques qui ne connaissaient pas les avocats.

Imaginons un instant que l'entrepreneur Côté mette au point un procédé pour transformer les feuilles mortes en nourriture pour chats. Dans un premier temps, nous serons tous bien contents de le voir nettoyer nos pelouses à l'automne. Mais le jour où Côté vient chercher nos vieilles feuilles en Mercedes, allons-nous réclamer sa voiture pour le prochain week-end question de partager les profits?

Les feuilles mortes jetées ou brûlées jusqu'à l'arrivée de Côté dans le paysage, ce sont les terres canadiennes sous-utilisées jusqu'à l'arrivée des premiers colons européens. Maintenant que le colon a fait fortune, le premier occupant sous-utilisateur veut sa part du gâteau.

L'habitant versus l'occupant

Avant la révolution industrielle, la possession de la terre représentait la principale — sinon l'unique — source de richesse. C'est sur elle que trônait la noblesse européenne.

Dans un monde industriel, voire post-industriel comme le Canada contemporain, la richesse provient de la valeur ajoutée, c'est-à-dire de la bonification. J'achète un plein camion de carottes, les lave, les cuis, les mets en conserve et les revends au détail en réalisant un bénéfice souvent supérieur à celui du producteur primaire, le cultivateur. Idem pour les feuilles en conserve de Côté, pour la planche transformée en chaises et pour l'énergie cérébrale qui aboutit à un logiciel.

On peut dire qu'une justice immanente, naturelle, commande que l'homme profite dans la plus grande mesure possible du fruit de son labeur. C'est la richesse émanant du travail. C'est le rêve américain qui a peuplé ce continent d'immigrants européens, et maintenant asiatiques et africains. "La terre appartient à celui qui la cultive", affirme l'agriculteur de Nicolet, et rêve le paysan sans terre du Brésil.

Pour des raisons techniques évidentes, un lopin de trente hectares nourrit plus de bouches par l'agriculture que par la chasse. Beaucoup plus. Non pas que la multiplication des bouches à nourrir devrait être une fin en soi, mais il se trouve que la raison du nombre a beaucoup de poids en démocratie.

Ce qui est arrivé aux Mohawks d'Oka a été vécu, quoique le plus souvent dans une bien moindre mesure, par la quasi totalité des indigènes du continent américain: l'agriculteur a refoulé le chasseur. Pas parce que le fermier est méchant et vil; tout simplement parce qu'il est plus efficace.

Plus efficace à produire, mais également à conserver. La société agricole peut donc accumuler pratiquement sans fin et étendre ainsi son domaine. D'où cette perception d'avidité, par l'Indien. Pour ce dernier, le Blanc est cet homme qui demande poliment une petite place autour du feu. Après un moment, il prend ses aises et accapare un peu plus d'espace et de chaleur. Avec le temps, il arrive à avoir le feu pour lui tout seul et en chasse l'Indien, lequel l'avait pourtant allumé.

La société des chasseurs, elle, doit se fier à ce que mère nature mettra sur sa route. Peu nombreuse et ne possédant qu'une technologie très rudimentaire, elle doit se contenter de l'intérêt du capital faunique. D'où le fait qu'elle soit en équilibre avec la nature; cette harmonie devient d'ailleurs une condition sine qua non de survie. Cette culture ne tire de son environnement immédiat que ce qu'elle peut consommer. Il faut dire le reste serait de toute façon gaspillé, ne pouvant pas être conservé.

La civilisation indienne en était une du «living», par opposition à la civilisation blanche du «getting».

Inégales dans leur dynamisme et leur capacité d'expansion, ces deux sociétés ne se sont pas taillé des places égales dans l'édification du Canada moderne. Si la concurrence avait joué jusqu'au bout, les sociétés indiennes auraient complètement disparu. C'est parce qu'ils étaient conscients de l'énormité de cette perte que les Canadiens ont ménagé des espaces où la compétition ne peut jouer son rôle d'éliminateur. Ce sont les réserves indiennes.

VII

Nous sommes tous propriétaires!

Dans une économie moderne comme la nôtre, la propriété importe somme toute assez peu. Ce qui compte, c'est la capacité — et la volonté — de mettre en valeur les facteurs de production, incluant la terre, de la façon la plus efficace possible. Le Canada, et le Québec en particulier, sont nourris depuis maintenant trois siècles par une multitude de petits cultivateurs qui s'appuient de plus en plus sur une industrie d'intrants d'une très grande efficience.

Pour cette classe de producteurs agricoles, la propriété de la terre qu'ils travaillaient a été la condition de fierté et, donc, de haute productivité qui a servi d'assise au reste de l'économie. Si ces gens avaient dû verser aux autochtones un impôt de premier occupant, il y a fort à parier qu'il n'y aurait pas autant de vergers sur les versants des deux collines qui protègent Oka des vents du Nord.

Ça, c'était avant, à l'époque héroïque. De nos jours, à toutes fins pratiques, c'est le plus souvent la banque qui est le véritable propriétaire du facteur de production terre. Malgré cela, il demeure possible de prospérer en extrayant de cette terre nourricière un fruit plus gros, en pourcentage, que le taux du prêt agricole.

En toute justice économique, donc sociale, un facteur de production — que ce soit une usine ou un potager — devrait se voir exploité par l'entrepreneur le plus efficace. Le jeu de la concurrence assure quasi automatiquement cette justice sociale en éliminant les producteurs les moins efficaces. C'est dur pour l'entrepreneur perdant, mais c'est doux pour le consommateur.

Le meilleur argument pour asseoir les revendications mohawks d'Oka serait l'exemple d'une exploitation de leurs terres plus rentable que leurs voisins blancs. Si c'était le cas, personne n'aurait besoin de gaspiller sa salive puisque les Blancs se verraient peu à peu racheter leurs propriétés.

Hélas, un coup d'œil sur les lopins indiens suffit à l'observateur le moins perspicace pour mesurer toute l'énormité de cette fiction. Ces terres sont l'archétype de l'espace improductif, du moins en termes agricoles. On n'y retrouve ni vergers, ni potagers, ni prés semés de céréales, ni boisés aménagés... En fait, ces terres sont une preuve de plus que les Messieurs de St-Sulpice rêvaient en couleur quand ils croyaient faire des cultivateurs de leurs nouvelles ouailles indigènes.

À la limite, un pays affamé et manquant de terres cultivables pourrait très bien, en toute justice, chasser de leurs domaines ces habitants improductifs. Mais le Canada est riche... relativement.

Une aristocratie canadienne?

Faute de pouvoir démontrer qu'ils sont plus efficaces dans la mise en valeur du territoire, les Mohawks de la région métropolitaine se rabattent sur la notion de propriété. "Admettez seulement que nous sommes les vrais propriétaires, vous pourrez demeurer ici, vous n'avez rien à craindre de nous", disent-ils sur un ton qui se veut rassurant. Sous-entendu: "On négociera le loyer après." La belle affaire! Les Iroquois ont toujours été de fins négociateurs. On aura alors un seller's market, car si les Québécois ne sont pas prêts à payer le prix demandé, on les voit mal mettre les voiles pour la Normandie, la Bretagne, le Péloponnèse, la Sicile, le Mékong et autres coins de la planète qui ont vu s'embarquer leurs parents ou leurs ancêtres.

La «nation» mohawk, représentée à Kanesatake/Oka par un millier et demi de personnes, a sauté à pieds joints sur l'occasion en or du deuxième neuf trous du golf pour relancer encore une fois les sempiternelles revendications territoriales. Pourquoi veulent-ils un territoire national bien à eux? "Pour nous «développer» comme bon nous semble, à notre manière", répondent-ils.

L'esprit le plus libéral et le plus réceptif aux aspirations des minorités ethniques peut-il imaginer trois îlots mohawks évoluant à l'extérieur du cadre national québécois ou canadien? De quoi vivraient ces îlots, une fois coupés les différents programmes sociaux? De l'existence des industries locales? Elles se résument au bien-être social, au jeu et à la contrebande, lesquels éclipsent depuis longtemps l'artisanat. C'est-à-dire que, jusqu'à preuve du contraire, le pays mohawk parasiterait éhontément les économies blanches... jusqu'au libre-échange intégral avec les États-Unis.

Si seulement quelques leaders autochtones pouvaient montrer fièrement une alternative à ce scénario burlesque.

Une alternative au jeu et à la contrebande? Il y en a une. C'est la rente foncière. Si les Mohawks des Deux-Montagnes pouvaient convaincre les Québécois et les Canadiens que la Seigneurie des Sulpiciens s'est installée il y a deux siècles et demi sur une terre occupée par eux — et vendre à l'opinion publique l'équation occupation = possession —, tous ceux qui ont un peu de sang indien dans la région pourraient s'asseoir sur leur capital terrien et vivre des intérêts des intérêts de ce viager foncier.

Le montant de cette rente dépendrait de la valeur négociée pour l'utilisation du fond de terre pour les magasins du village, les résidences, le golf... Ils passeraient alors de la situation de groupe mal nanti à celle d'aristocratie terrienne. La bonne affaire... pour eux.

Rêver de vivre de rentes foncières relève d'un autre âge. Même en Europe, l'aristocratie terrienne s'est vue éclipsée par la classe des industriels avec l'avènement de la révolution du même nom.

La prospérité, pour l'immense majorité des habitants des pays démocratiques, provient surtout du travail: labeur physique et intellectuel, ainsi qu'efforts d'organisation. Et on imagine mal les travailleurs canadiens verser une rente foncière à des gens pour l'unique raison que les ancêtres de ces derniers ont beaucoup perdu suite à l'arrivée des ancêtres des premiers. Si dette il y a, on pourrait arguer que, du moins dans le cas des Iroquois de la région de Montréal, elle est éteinte depuis belle lurette. Elle a été remboursée au centuple sous forme d'allocations sociales de toutes sortes et de participation aux fruits de l'économie moderne.

Quant à l'argument de l'Éden écologique perdu par le processus d'industrialisation, c'est une perte sèche pour tout le monde; pour le Blanc de cette fin de 20e siècle comme pour son concitoyen indien. À moins naturellement qu'on arrive à démontrer que la qualité de vie, à revenu égal, est plus élevée dans le faubourg à mélasse de Montréal qu'à Kanesatake.

D'ailleurs, dans ce pays, rien n'oblige un groupe humain donné à se laisser aplatir par le rouleau-compresseur du progrès. Les Mennonites du sud-ouest de l'Ontario sont la preuve vivante qu'il est parfaitement possible de prospérer tout en vivant avec un bon siècle de retard technologique. Ils le font en bonne entente avec les communautés voisines, et sans demander aux autres Canadiens de financer leur mode de vie bucolique.

On rapporte que les Mennonites utilisent beaucoup l'huile de bras et le levier de la coopération.

Une bonne cause

Que les Mohawks le veuillent ou non, ils sont maintenant partie prenante d'un pays industrialisé, de plus en plus égalitaire, peuplé d'immigrants de toute la planète ainsi que d'autochtones. Chacun de ces citoyens, chacun de ces groupes peut apporter une contribution originale à l'ensemble. Ce corps social n'acceptera pas indéfiniment qu'un de ses membres constitutifs, dut-il prétendre à un statut spécial pour une question de chronologie, le parasite comme le ferait un vulgaire aristocrate terrien.

Ce ne sont pourtant pas les bonnes causes, les rôles utiles qui manquent. Plusieurs semblent taillés sur mesure pour ces citoyens canadiens qui ont maintenant le droit de vote comme tout le monde. Voyons un exemple.

Personne dans ce pays n'est fier de l'état actuel de l'environnement. Si les Indiens, dont les Mohawks, cultivent un souvenir plus vif d'une nature plus harmonieuse, il n'en tient qu'à eux de devenir le fer de lance des mouvements de protection et, pourquoi pas, de réhabilitation de l'environnement. Ils jouissent à cet égard d'un énorme capital de crédibilité. Pour le monde entier, Amérindien et paix avec la nature sont synonymes. Les batailles livrées sur ces thèmes seront d'autant plus défendables que les causes sont éminemment nobles.

Nobles, parce que ce qui est en cause, c'est le mieux-être à long terme de toute la population, et non pas seulement celui d'une infime minorité (moins de 2 % de la population canadienne; moins de 1 % de celle du Québec). Quand on possède un tel réservoir de crédibilité, on a le devoir incontournable de l'utiliser... à bon escient.

Une militante écologiste de la Beauce, remarquant qu'après les évènements de cet été indien la pinède de la dune de l'ouest était toujours debout, rappelait que d'autres groupes de protection de l'environnement enviaient beaucoup ceux d'Oka. "Si seulement, regrettait-elle, nous avions quelques Warriors."

VIII

La course au Band Number

Nous sommes en 1940. Quand ce Blanc de condition modeste s'amourache d'une Indienne (en fait, une Métisse qui ressemble plus à une Irlandaise qu'à une Amérindienne), plusieurs barrières s'élèvent entre eux.

"Pourquoi aller chercher aussi loin quand il y a tellement de belles filles ici, au village?", lui reprochait la famille. Plusieurs hommes mohawks, de leur côté, voyaient d'un très mauvais œil une belle jeune fille de 15 ans des leurs se voir enlevée par un Blanc.

Jamais les tourtereaux ne se sont demandés si les écarts culturels, leurs façons différentes de voir la vie viendraient à bout de leurs sentiments. S'ils ne se sont pas posé la question, c'est peut-être que des différences culturelles majeures, il y en avait bien peu entre les petites gens des deux communautés du Oka des années quarante.

En fait, l'obstacle qui a bien failli faire avorter leur projet de mariage n'a rien à voir avec les visions de la vie: c'est la différence de condition matérielle. Pour la mère de la future, ce jeune Canadien-Français sans situation stable représentait un bien plus mauvais risque économique qu'un Indien dans la même condition. "En mariant un Indien, faisait-elle remarquer à sa fille, au moins tu auras toujours quelque chose sous les pieds: le gouvernement fédéral."

Dure concurrence pour Baptiste. Heureusement pour lui, chez sa dulcinée les sentiments l'ont emporté sur le signe de piastre.

Nous sommes en 1990. Jean Latrémouille, Canadien-Français pure laine, vit une merveilleuse idylle avec une Indienne inscrite de Kanesatake. Un enfant naît. Comme nous sommes tout de même au Québec féministisé contemporain, la question du lignage légal se pose: l'enfant portera-t-il le nom de son père ou celui de sa mère? Fort en chiffres, Jean accepte de bon cœur que son enfant ne porte pas son nom à lui. Il calcule qu'à Oka, un enfant a avantage à posséder le statut d'Indien, attesté par le Band Number.

La couleur... du dollar

Encore une fois, le voyageur à la recherche d'indianité risque d'en prendre pour son rhume à Kanesatake. On comprend que les Mohawks y soient acculturés, mais si seulement la majorité d'entre eux avaient l'air indien.

Telle très charmante vieille dame se targue d'être une pure Indienne en appuyant cette affirmation du regard intense... de magnifiques yeux verts. Tel artiste mohawk projette fièrement les rayons bleutés de sa généreuse barbe. Telle adorable mère de famille nombreuse regrette de souvent oublier d'utiliser son Band Number (pour les remboursements de la taxe de vente); c'est pourtant ce qui prouve hors de tout doute que cette rouquine au teint de pêche et aux yeux bleus est bel et bien une Indienne. Tel activiste politique pourrait s'exprimer en suédois ou en danois sans surprendre personne tant sa blondeur est frappante; eh bien non, c'est un Mohawk officiel d'Oka.

Une question incontournable découle de ce constat: si la condition d'Indien vivant à Oka ou ailleurs est si pénible, pourquoi tant de gens se sont-ils battus — allant jusqu'à porter le litige devant les tribunaux — pour conserver ou acquérir le statut légal d'Indien? Si la vie d'Indien urbain était si difficile, il serait facile pour un blond barbu possédant visiblement moins de 50 % de sang indien de se déclarer Blanc. Pourtant, bien peu de gens le font.

Serait-ce que, comme Jean Latrémouille l'a fait pour son rejeton, ils savent compter?

Même si Kanesatake n'est pas une réserve au sens de la loi, les Indiens inscrits qui y résident — ainsi que ceux qui vivent dans le village même d'Oka — profitent de plusieurs avantages.

Précisons tout de suite qu'un Indien inscrit est une personne inscrite au registre des Indiens du Ministère des Affaires indiennes et du Nord à titre d'Indien, ou qui a le droit de l'être en vertu de la Loi sur les Indiens (laquelle a été modifiée pour la dernière fois en juin 1985 par le Bill C-31). Le gouvernement fédéral n'est tenu de fournir de l'aide et des services qu'aux seuls Indiens inscrits. Un citoyen donné peut très bien être un Indien dans le sens racial du terme, mais ne pas être inscrit, le plus souvent suite à une perte de ce statut par émancipation ou parce que son aïeule indienne avait épousé un non-Indien.

Les avantages conférés par cette inscription au registre:

- aucun impôt, ni fédéral, ni provincial, sur les revenus gagnés sur la réserve;
- aucun impôt foncier (sur les terres de la réserve);
- pas de droits de succession;
- pas de taxe de vente, y compris sur l'achat d'une voiture;
- pas de TPS à payer, tout en bénéficiant des crédits rattachés à cette taxe fédérale;
- subvention pour la construction d'une maison (un total d'environ 100 $ millions par an pour l'ensemble des Indiens canadiens inscrits, distribué

pour sa plus grande part par les Conseils de bande);

- médicaments prescrits gratuits;
- fournitures et équipements médicaux gratuits;
- transport pour des raisons de santé assuré;
- soins dentaires gratuits;
- lunettes et soins optométriques gratuits;
- programmes spéciaux pour l'éducation post-secondaire;
- service militaire en cas de conflit pas évident, dépendant des traités.

La cerise sur le gâteau: suite à des ententes fédérales-provinciales, les Indiens du Québec profitent de tous les programmes sociaux de la province, y compris l'assurance-santé et le bien-être social.

Si, au budget du Ministère fédéral des Affaires indiennes et du Nord (près de 3 $ milliards), on ajoute les programmes spécifiquement destinés aux Indiens de Santé et Bien-Être Canada, de la Société canadienne d'Hypothèques et de Logement, du Secrétariat d'État et de la Commission canadienne d'Emploi et d'Immigration, on atteint le chiffre respectable de 4 $ milliards par année. Cela fait une moyenne de 7 700 $ par an pour chaque Indien inscrit, qu'il vive ou non sur une réserve.

À lui seul, le programme d'éducation destiné aux Indiens du Ministère des Affaires indiennes et du Nord coûte bon an mal an un milliard de dollars.

À titre de comparaison, le budget annuel total de l'ACDI (Agence canadienne de développement international), un organisme fédéral qui a l'ensemble des pays du Tiers-Monde comme territoire d'intervention, ne s'élève qu'à 2.5 $ milliards. Celui du Ministère de l'Éducation du Québec à 6 $ milliards.

L'austérité budgétaire du gouvernement central ne touche pas tout le monde également. Depuis l'année fiscale 1980-81, les dépenses affectées aux Indiens ont augmenté de plus de 10 % par an, soit le double du taux de croissance du budget fédéral.

Quand même moins de sous

Ces généreuses mesures sociales n'empêchent pas un appauvrissement économique relatif, lequel peut être assez justement mesuré par le recours aux programmes sociaux. Entre 1980 et 1985, on a constaté chez tous les groupes autochtones (Indiens, Inuit et Métis) une nette augmentation de la proportion de la population ayant les transferts gouvernementaux comme principale source de revenu. Cette hausse a été maximale pour les Indiens hors réserves, le pourcentage passant de 25 % à 41 % en cinq ans. Pour l'ensemble des Indiens inscrits, la proportion a grimpé de 33 % à 45 %. Même s'il a peu augmenté, le record est toujours détenu par les Indiens sur réserves avec 48 % en 1985.

Ces augmentations sont spectaculaires lorsque comparées à la hausse enregistrée pour l'ensemble de la population canadienne: 16 % en 1980, 20 % en 1985.

En dollars, la situation des familles indiennes n'a vraiment rien d'enviable. En 1985 toujours, les revenus familiaux des Indiens vivant sur les réserves s'établissaient à 21 000 $, c'est-à-dire à peine la moitié de la moyenne canadienne (39 000 $). Pour les particuliers, les chiffres étaient respectivement de 9 300 $ et de 18 200 $.

Pas surprenant, dans ces conditions, que le travail rémunéré ne soit la principale source de revenu que pour la moitié des Indiens. Pourtant, la plupart de ceux-ci détiennent un emploi à plein temps: en 1986, 80 % des Indiens en ont un, soit un point de pourcentage de plus que les Canadiens dans leur ensemble. On ne peut qu'en déduire que ces emplois sont mal rémunérés ou saisonniers.

La scolarité est à l'avenant. Trente-sept pour cent de tous les Indiens inscrits n'ont pas une neuvième année, le double du dix-sept pour cent de l'ensemble des Canadiens.

Le taux de suicide: deux fois la moyenne nationale.

Des terres de Sa Majesté

Les Indiens de Kanesatake vivent sur des terres de la Couronne, mais non sur une réserve au sens strict de la loi. Cela n'empêche que, tout comme pour ceux qui vivent sur une réserve, leurs propriétés sont insaisissables par un éventuel créancier.

Ouvrons ici une parenthèse pour nous offrir une pinte de bon sang aux dépens de ceux qui ont avalé cette fable qui raconte que les évènements de l'été 90 ont été déclenchés par une «annexion» des terres indiennes par un quelconque club de golf. Il faut en effet se rappeler que le terrain occupé par une réserve indienne reste toujours la propriété du gouvernement fédéral, pour éviter, par exemple, qu'un chef de bande mal avisé ne s'en déleste.

Dans le cas de Kanesatake, comme les lots habités par les Indiens appartiennent à la Couronne même si nous n'avons pas affaire ici à une réserve indienne proprement dite, une annexion de terres occupées par les Mohawks signifierait une annexion de terres de Sa Majesté. On voit mal comment un petit village pourrait accomplir un tel exploit; ce serait là une première dans l'histoire elle-même inexistante des relations fédérales-... municipales.

Le public moyennement informé peut ignorer la protection en béton accordée à ces terres. Les Mohawks de Kanesatake, eux, ne peuvent pas être dupes.

Cette «intouchabilité» peut paraître un avantage inestimable au Canadien moyen endetté jusqu'au cou. C'est oublier que personne ne prête à quelqu'un qui ne peut pas être saisi. Pas de nantissement, pas de crédit. Et pas de crédit, pas de développement.

Cela nous amène à examiner l'envers de la médaille de cette situation de sur-protégé.

Le gros désavantage

N'importe quel homme d'affaires peut en témoigner, il est à peu près impossible d'emprunter sans garanties suffisantes. Comme le temps des gages humains est révolu, le meilleur nantissement possible est celui pris sur un immeuble ou un terrain, toutes choses qui ne s'emportent pas facilement en Suisse. Pupille économique du gouvernement fédéral, l'Indien ne peut obtenir de crédit par les voies régulières des institutions financières. C'est le désavantage principal d'être considéré comme mineur.

Tout notre système économique est basé sur la notion de crédit. Une entreprise régularise ses mouvements de caisse grâce à une ligne de crédit bancaire; elle s'agrandit ou fait l'acquisition d'une autre firme en payant avec de l'argent le plus souvent emprunté; une famille devient propriétaire en hypothéquant la maison convoitée. La capacité d'emprunt est à ce point importante de nos jours que l'angoisse de perdre son crédit vaut bien celle de perdre son meilleur ami.

Ce statut de mineur économique incite l'Indien canadien à continuer à voir le gouvernement fédéral comme un généreux papa qui ne cessera jamais de veiller sur lui. Il retarde son émancipation.

Mais le principal désavantage d'être Indien n'a rien à voir avec l'argent. C'est de se retrouver sur un îlot entouré d'une mer dont les courants lui échappent. La culture canadienne, au fond, n'est qu'une extension de la culture européenne. Nous sommes tous des transplantés et notre culture blanche commande le type de relations qui nous lient à cette terre de l'Amérique septentrionale.

L'Indien du Canada, qu'il vive ou non sur une réserve, se retrouve obligé d'apprendre à nager dans cette eau inconnue qui vient lui mouiller les pieds. Il voudrait bien l'ignorer et rester au sec, mais elle ne cesse de monter vers lui, rétrécissant sans cesse son île.

Les convertis

Compte tenu des chiffres que nous avons vus plus haut, il appert que la situation idéale est celle de l'Indien inscrit domicilié hors réserve, parmi les Blancs. Le statut attesté par le Band Number lui donne droit à plusieurs avantages économiques non négligeables, tandis que le fait de vivre à l'extérieur de la réserve lui permet de s'ouvrir plus facilement sur le monde extérieur. C'est sans doute ce genre de considérations qui ont amené des milliers de Canadiens, ces dernières années, à réclamer le statut d'Indien inscrit officiel.

En dix ans, de 1981 à 1991, on estime que le nombre des Indiens inscrits vivant hors réserve, pour l'ensemble du Canada, a doublé pour atteindre 205 000. Cette augmentation fulgurante ne s'explique pas par une désertion massive des domaines indiens. Bien au contraire: la population d'Indiens inscrits vivant dans les réserves s'est accrue elle aussi pour atteindre 316 000 personnes, soit un bond de 30 %. Elle ne s'explique pas complètement non plus par l'accroissement naturel, même s'il est beaucoup plus fort que la moyenne canadienne (2.2 % par an contre 1.2 %).

Ce sont les conversions qui font le travail. Suite à l'adoption de la Loi C-31 en 1985, le registre des Indiens a reçu 91 000 nouveaux noms en cinq ans. Cette loi est en train d'avoir d'importantes répercussions sur la répartition des Indiens dans les réserves et en dehors de celles-ci. C'est que la plupart des Amérindiens inscrits en vertu des dispositions de cette loi vivent hors réserves. D'ailleurs, quand ces nouveaux Indiens se présentent pour obtenir une place sur la réserve, cela ne va pas sans créer des tensions avec les résidents de vieille date.

Au Québec, depuis l'adoption de cette Loi C-31, la population indienne est passée de 35 324 personnes qu'elle était en 1985 à 44 104 en 1989, soit une augmentation totale de 25 % en quatre ans. De cette addition, plus de six mille nouvelles inscriptions sont dues principalement à l'application des dispositions relatives au rétablissement des droits perdus avant 1985.

Jusqu'à cette date, une femme indienne qui épousait un non-Indien perdait son statut. En 1968, une

Mohawk de Kahnawake, Mary Two-Axe Early, entreprit une campagne pour faire changer cette disposition de la loi sur les Indiens. Forte de l'appui de nombreux groupes féministes, elle eut finalement gain de cause. Ces anciennes Indiennes et leurs descendants forment une bonne partie des «convertis». Mais ils ne sont pas seuls.

D'après cette Loi C-31, peuvent maintenant réclamer le statut d'Indien:

— les femmes indiennes qui avaient perdu leur statut en épousant un non-Indien;

— leurs descendants de la première génération;

— ceux qui avaient été rayés de la liste conséquemment à leur «émancipation», c'est-à-dire suite à l'obtention d'un diplôme universitaire, à un séjour dans l'armée, en devenant prêtre ou, enfin, en quittant la réserve.

Ces noms s'ajoutent au registre des Indiens ouvert en 1951. Ce registre considérait alors comme recevables a) les individus issus de deux parents indiens b) ceux dont le père était indien c) les descendants de ces deux groupes d) des non-Indiens vivant sur des réserves avec l'accord des résidents.

Ce sont ces définitions légales qui expliquent l'aberration des Mohawks barbus aux yeux bleus. Aberration quand on sait que les "Peaux Rouges" d'Amérique appartenant à la race jaune, on devrait s'attendre à ce qu'ils soient imberbes et qu'ils aient les yeux bruns, la peau cuivrée, ainsi que les cheveux noirs et bien fournis (sans calvitie avancée, affliction qui guette tout particulièrement le mâle de race blanche).

Imaginons une première génération: homme indien + femme blanche = garçon 50 % indien. Trente ans plus tard: ce garçon 50 % indien + femme 100 % blanche = garçon 25 % indien. Troisième génération: ce garçon 25 % indien + femme 100 % blanche = enfants 12.5 % indiens.

Chose certaine, c'est que si le fait d'être indien constitue aujourd'hui un handicap, on s'explique mal que tant de gens continuent de faire des pieds et des mains pour se faire inscrire au registre officiel. Il serait révélateur d'offrir ce statut à tous ceux qui en font la demande, Indiens ou pas. Le public jugerait alors des avantages et inconvénients de la possession d'un Band Number.

Gageons que pas un gouvernement n'osera faire l'exercice.

IX

Le tomahawk et le calumet

Le Canadien possède cette singulière particularité de se définir d'abord par ce qu'il n'est pas. Plus du tout européen, se défendant d'être américain, loin de l'Asiatique malgré les nouveaux flux d'immigration, très peu amérindien en dépit de la primauté d'occupation du territoire par ces derniers.

Cette façon d'être par ce qu'on n'est pas comporte quand même certains avantages pour l'individu. Le creuset commun des États-Unis, par exemple, doit broyer les individualités pour les fondre dans la nouvelle entité. La mosaïque canadienne, en contraste, admet que le tableau d'ensemble puisse changer au fil des apports des nouveaux éléments constituants. Cette façon de bâtir un pays a l'heur d'être très humaniste dans son respect de la personne. Elle comporte cependant une énorme faiblesse structurelle: l'éclatement en ses parties constituantes menace constamment le corps national.

Comment aurait-il pu en être autrement, compte tenu des origines du pays actuel?

«Découvert» un peu par hasard, le Canada pouvait difficilement faire l'objet d'une ruée de colons français: pourquoi quitter les terres grasses de la douce France pas du tout surpeuplée du XVIIᵉ siècle pour des étendues trop chaudes en été et trop froides en hiver? Les quelques dizaines de milliers de téméraires qui se sont embarqués ont donc vite renoncé à décalquer la mère patrie en terre d'Amérique.

Sans l'aide des indigènes, le terrible scorbut aurait fait encore plus de victimes et les premiers hivers auraient été encore plus meurtriers. Cette assistance, ce secours face aux éléments inhospitaliers s'est avéré le premier d'une longue série de dépannages mutuels, ce au fur et à mesure de l'arrivée des nouveaux groupes.

La hache

La conquête du Canada par la France n'a pas été une conquête militaire. On a livré bataille aux éléments, à la rigueur du climat et à l'espace d'abord et avant tout. Un espace déjà occupé, oui, mais de façon très clairsemée, et par des peuplades tout à la fois riches en techniques de survie et pauvres en technologies de développement.

En réalité, il y a gros à parier que certains groupes de purs chasseurs indigènes comme les Montagnais, par exemple, ont été bien heureux de voir débarquer ces nouveaux acheteurs de pelleterie.

Ce sont ces différences fondamentales de sociétés qui expliquent l'absence de choc brutal. Dans l'est du Canada, il n'y a pas eu de guerre indienne, si on fait abstraction des raids du régiment de Carignan pour «pacifier» les Iroquois. Les deux protagonistes ont tout de suite compris que chacun pouvait tirer profit de la présence de l'autre. En échange de produits métalliques (mousquets et couteaux), les Européens ont eu accès aux fourrures rendues pléthoriques grâce à ces nouveaux outils de chasse. À tel point que des territoires de chasse et de trappe entiers se sont retrouvés épuisés en quelques années.

Complémentarité, donc, plus que concurrence. En fait, la principale guerre pour le Canada s'est livrée entre deux puissances européennes pour aboutir à la consécration de la suprématie britannique sur le champ de bataille des plaines d'Abraham.

Un certain discours militant amérindien se plaît à rappeler aux Canadiens que les Indiens d'ici n'ont jamais été vraiment vaincus (contrairement aux Aztèques du Mexique et aux Incas du Pérou, pourrait-il compléter). Cette non-défaite militaire est l'un des piliers des revendications territoriales actuelles. Personne ne conteste ce fait historique.

C'est justement ce trait (la non-violence relative) de la colonisation canadienne qui fait son originalité. Contrairement à beaucoup de nouvelles entités politiques qui siègent aujourd'hui aux Nations-Unies, le Canada n'est pas né dans le sang. Un peuple n'a pas été exterminé ou réduit en esclavage par un autre plus fort. L'Amérique septentrionale des XVIᵉ, XVIIᵉ et XVIIIᵉ siècles ne représentait pas exactement un butin à saisir par la force des armes. C'était plutôt — et ça l'est toujours — une opportunité d'épanouissement à force de travail, d'efforts d'adaptation et de sueur.

Le Canadien comprend mal qu'au Burundi, pour n'en nommer qu'un, une ethnie de guerriers (les Watusis) opprime dans tous les sens du terme une autre ethnie, fût-elle d'agriculteurs (les Hutus). C'est pourtant là un bel exemple de l'histoire du monde où, jusqu'à tout récemment, la force des armes a toujours été le meilleur moyen d'améliorer son sort et d'acquérir de l'ascendant sur son voisin ou concurrent. N'est-ce pas parce que le Canada est né et continue de se développer dans des conditions exceptionnellement pacifiques que les situations «burundaises» sont si difficiles à notre entendement?

Le climat et l'espace ne pouvaient pas être conquis à coups de massacres de ses rares habitants. C'est la coopération, la complémentarité, les échanges et la solidarité des hommes en face d'une nature trop rarement magnanime qui ont permis aux Canadiens de prendre solidement pied sur ce coin de la planète. S'il existe une définition positive du Canada actuel, c'est bien celle-là.

Après leurs indispensables coups de main de départ, les partenaires amérindiens n'ont pas tout à fait été laissés pour compte. La technologie moderne — de la roue à l'obturation dentaire et au lecteur de vidéo-cassettes, en passant par le piège à vison en acier et le Skidoo — profite à tous, sans que les nations inventrices ne réclament de royalties d'utilisation. Cette technologie qui transporte le trappeur indien victime d'une appendicite par hélicoptère à l'hôpital, elle est considérée comme faisant partie du patrimoine collectif.

Suivant le même raisonnement, pourquoi les terres auparavant (il y a tout de même trois siècles) parcourues par les tribus indiennes ne seraient-elles pas considérées, elles aussi, comme faisant partie du patrimoine collectif canadien? Et sans redevances à payer!

Après tout, c'est la hache qui a donné à ces terres leur valeur actuelle. Pas la hache de guerre ..., la hache à défricher.

La pierre et le métal

Faute de maîtriser la métallurgie, les Indiens de l'Est du Canada devaient se contenter d'un tomahawk en pierre. La hache de fer illustre le fait que la rencontre avec les Européens a permis aux Indiens d'Amérique du Nord de sauter plusieurs siècles dans leur évolution technique. Ces échanges leur ont évité le long et pénible cheminement qui passe par l'âge du bronze et celui du cuivre pour les faire atterrir directement à l'ère du fer.

Si les premiers bateaux qui ont traversé l'Atlantique ont fait le trajet d'Est en Ouest, ce n'est pas un hasard. Seuls la hache et le clou de métal permettent la construction d'un voilier capable d'emporter quelques dizaines de personnes sur l'océan. Aucun canot d'écorce ne le peut.

Cette avancée de la technologie était appuyée sur la science naissante. Une fois lancée, l'expansion des peuples qui possédaient cet outil formidable était pratiquement impossible à contrer. Nonobstant le dangereux délire d'un vociférant chef indien — et amateur de golf — de la côte Ouest ["We should have killed you all"], il n'aurait servi à rien aux Montagnais de Tadoussac de massacrer l'équipage de Jacques Cartier: d'autres Européens devaient suivre de toutes façon.

C'est un peu comme si un martien débarquait aujourd'hui à New York. Inutile de le tuer car il y a fort à parier que d'autres puissants extra-terrestres savent qu'il est là. Vaut mieux essayer de s'entendre avec lui.

C'est justement ce que les ancêtres des chefs militants d'aujourd'hui ont compris à l'époque. La plupart des tribus ont choisi la solution la moins mauvaise: s'entendre avec les envahisseurs blancs.

Les Iroquois — ceux qui avaient le plus à perdre avec la colonisation — ont bien essayé de terroriser les Européens. Les récits des tourments infligés à leurs

ennemis et à certains missionnaires jésuites ont longtemps défrayé la chronique des longues soirées d'hiver. Cela n'a pas empêché la péninsule du Niagara de
se retrouver aujourd'hui densément peuplée de
Blancs. Comble de l'outrage, dans leur irrésistible
poussée de mise en valeur du territoire, ces derniers
sont allés jusqu'à harnacher discrètement une partie
des légendaires chutes.

Cet inévitable en est un de supériorité technologique. Il n'a rien à voir avec la valeur intrinsèque des
individus ou des cultures. On aura beau laisser la
culpabilité nous empêcher de dormir, le matin venu,
on montera le thermostat pour que le radiateur électrique réanime nos vieux os au sortir de la douche d'eau
courante, traitée, purifiée et chauffée. C'est là l'avantage de la hache de métal que personne, quand il en a
le choix, ne refuse.

Les bons sauvages

De tous les mythes occidentaux, celui du bon
sauvage est l'un des plus vivaces, surtout en Europe.

Ce mythe, qui veut que l'homme non civilisé vive
en parfaite harmonie avec la nature et soit fondamen-
talement bon, est né à peu près en même temps que
l'Europe devenait une société industrielle. Ce n'est
pas une coïncidence. Les liens qui rattachaient
l'homme directement à la nature avaient l'âge de l'humanité elle-même. La machine à vapeur les a brisés.

L'esprit a beau tenter de s'échapper de cette planète en créant des panthéons plus ou moins peuplés de dieux et de saints, les contingences terrestres ne se laissent jamais oublier. L'homme scientifique, en démontant une infime partie des mécanismes de la nature, a engagé le processus de son affranchissement à l'égard de celle-ci.

Mais ce faisant, il a bien conscience de violer quelque chose de sacré, de vierge. Pour l'équilibre psychologique de cet homme moderne, il faut absolument que quelqu'un, quelque part (de préférence loin de chez lui), continue de vivre en parfaite symbiose avec Mère Nature. Pour l'Européen, ce sanctuaire est naturellement l'Amérique... avant l'arrivée de ses cousins sur ce continent neuf.

Peu importe à notre Européen rongé par la culpabilité que les Indiens d'Amérique se soient allègrement massacrés entre eux pendant des millénaires, avant la colonisation. Peu lui importe que la survie dans ces conditions «naturelles» se soit faite au prix d'effroyables souffrances. Peu lui importe les récits relatant la cruauté «naturelle» des indigènes envers leurs ennemis ou leurs membres inutiles comme les vieillards.

Notre homme moderne à son corps défendant continue de croire que l'Éden existe quelque part. Il y croit parce qu'il a besoin d'y croire. Et en matière de foi en un paradis terrestre perdu, le besoin humain d'ordonner les pièces disparates du puzzle de la vie sur notre vaisseau cosmique, couplé à la culpabilité diffuse d'avoir abîmé quelque chose d'irremplaçable (la nature vierge), font des merveilles.

Notre bon sauvage existe, donc, ne serait-ce que parce que nous avons besoin qu'il existe. En fait, dans le cas de l'Amérique, le mythe s'est en partie vérifié. Il est en effet indéniable que la pyramide écologique est plus intacte quand l'homme ne ponctionne que sa crête, précisément comme le faisaient les ancêtres des autochtones du Canada.

Quand des organisations politiques indiennes réclament le cinquième du territoire canadien, c'est ce mythe qui empêche plus d'un Canadien de se cabrer. "Ce serait toujours ça de sauvé pour la nature", se dit-on plus ou moins consciemment. Comme si les Indiens contemporains refusaient les bienfaits de l'économie moderne, celle qui a partiellement dompté la nature. Comme s'ils ne prenaient pas l'avion, n'étaient pas abonnés au téléphone, et ne buvaient pas leur bière pasteurisée.

De fait — et c'était inévitable — les descendants des bons sauvages vivent comme tout le monde à peu de choses près. Ils ont adopté la plupart des outils de la civilisation blanche et c'est en anglais, souvent par satellite, que les différentes bandes canadiennes communiquent entre elles. Le fusil a déplacé l'arc, la fibre de verre l'écorce de bouleau, la charrue d'acier la houe de bois, la hache de fer la hache de pierre.

Les cultures sont un peu des package deals. Quand on adopte un outil de chasse aussi formidable que la carabine 30-06 munie d'une lunette d'approche, il faut également prendre des mesures de restriction et de conservation. Autrement, devant ce chasseur hybride, le gibier n'a plus aucune chance de survie. C'est ce qu'avait compris cet aventurier anglais au début de ce siècle qui, déguisé en Indien et rebaptisé Grey Owl, a réussi à sauver le castor d'une extinction certaine.

Le grand traité implicite

Nonobstant tous les traités signés sur du papier qui font de nos jours la fortune des juristes, un grand traité a vite été conclu entre les indigènes du Canada et les colons venus d'Europe. Tout comme la conquête militaire, ce traité est de nature implicite. Comme la guerre qui n'a pas été menée et gagnée en bonne et due forme, ce traité régissant les relations entre les deux groupes s'est imposé avec le temps, par la force des choses et en tenant compte de la nature et des atouts respectifs des communautés en présence.

L'Indien a apporté sa connaissance intime du territoire, le Blanc a contribué par sa technologie. Si l'Indien avait dit "non" au nouvel arrivant européen, il aurait dû déclarer une guerre qu'il savait perdue d'avance. Si l'homme blanc avait essayé de coloniser l'Amérique sans l'assentiment de l'Indien, l'entreprise aurait été retardée d'un siècle. Mais elle se serait faite quand même, tôt ou tard, par lui ou par quelqu'un d'autre.

Le résultat de ce traité implicite est très avantageux pour le Blanc, beaucoup moins pour l'Indien. Compte tenu de la valeur inégale des cartes de départ détenues par les deux joueurs, pouvait-il en être autrement?

Aujourd'hui, plusieurs grands chefs reviennent sur cette «reddition» implicite et crient: "Un instant, on n'a rien signé; et quand on l'a fait, on s'est fait rouler." Les Français qui ont vu Napoléon vendre la Louisiane pour des peanuts en 1803 pourraient dire la même chose. De même que les Russes qui ont cédé l'Alaska en 1867 pour 7 $ millions. Et que dire de l'Allemagne qui a dû renoncer à l'Alsace-Lorraine comme tribut partiel de sa défaite de 1919? Trop tard...

Comme le Canada contemporain utilise bien peu des connaissances et des techniques indiennes, les organisations militantes se rabattent sur le seul facteur de production revendiquable: le territoire. À Oka, comme à peu près partout au Canada, le discours se précise: "Comme nous n'avons jamais vraiment été conquis, nous demeurons les vrais propriétaires de cette terre. Et étant donné que vous êtes là et que vous n'allez vraisemblablement pas retourner au pays de vos ancêtres, remettez-nous les titres d'un petit cinquième de ces immensités. On s'entendra sur les redevances d'exploitation après." ("Exploitation des ressources minières, entre autres, même si notre

107

civilisation de chasseurs-cueilleurs n'avait pas produit un seul mineur", pourraient-ils ajouter).

Comme si, trois siècles après, profitant de la nature foncièrement légaliste et pacifiste des Canadiens, on pouvait dire qu'on revient en arrière et qu'on fait comme s'il n'y avait pas eu de colonisation, c'est-à-dire d'exploitation plus efficace et plus complète des ressources de ce pays.

Pour remettre en question le traité implicite, tous les moyens sont bons: les Hurons sont maintenant les frères des Iroquois; il n'y a pas vraiment eu de mélange des races et ce chef huron rouquin qui a plus la physionomie d'un blanc que d'un amérindien, n'est que le produit d'un accident génétique; comme ces revendications ont leurs limites à l'intérieur du cadre juridique canadien, on s'érige en autant de «premières nations» (cinquante) et on veut négocier d'égal à égal avec la nation canadienne qui, elle, se compose du groupe homogène des Anglais, Français, Irlandais, Italiens, Grecs, Chinois, Polonais, Salvadoriens, Ukrainiens, Vietnamiens, Portugais, Pakistanais, Libanais, Tamouls, Turcs, Haïtiens, Russes, Maliens, Jamaïquains, Allemands, ...

On récrit l'histoire pour montrer tous les Indiens accueillant généreusement les premiers explorateurs; on parle la larme à l'œil d'un Éden écologique irrémédiablement souillé par les Visages Pâles et leur horrible industrie; on appuie les Warriors d'Oka en les présentant comme un avant-goût de ce qui attend le pays si les négociations territoriales traînent trop; on prend le micro pour menacer ouvertement de saboter des infrastructures économiques; on présente la contrebande comme une activité commerciale normale (qui coûte la bagatelle de 100 millions de dollars par an au fisc québécois).

En d'autres mots, on revient sur une question qui n'a jamais été réglée par les armes, et ce parce qu'elle n'a jamais été réglée par les armes. Comme si c'était là le seul moyen valide de se partager le pouvoir politique. Le grand traité implicite ne serait pas valable parce qu'il n'est qu'implicite.

C'est justement de ces ententes tacites qu'est fait le Canada. Réclamer un éclaircissement sur le partage des pouvoirs respectifs qui soit aussi net que s'il avait été tranché au couteau, c'est une façon de déterrer la hache de guerre.

Le prix du choc

Personne ne niera que les premiers occupants de l'Amérique du Nord aient énormément souffert des suites de la conquête implicite. Dans leur chair et dans leur âme.

Les populations indiennes ont été littéralement décimées suite à l'arrivée des Européens et de leurs maladies. Le caractère insalubre des navires et la nourriture avariée qu'on y trouvait accéléraient la propagation des affections parmi les passagers. Les explorateurs, les marchands, les colons et les missionnaires amenèrent donc avec eux toute une série de maux contre lesquels les Indiens n'avaient pratiquement aucune défense.

Déjà à la fin du XVIe siècle, de nombreuses communautés indiennes avaient été réduites par la maladie. La typhoïde, la diphtérie, la grippe, la peste, la rougeole, la tuberculose, les maladies vénériennes et la scarlatine firent des milliers de victimes. La variole était particulièrement virulente chez les Montagnais et, en 1640, elle avait fait diminuer de moitié la population huronne du sud de l'Ontario. Les Béothuks de Terre-Neuve sont depuis longtemps disparus, victimes autant des exactions de toutes sortes que des nouveaux virus.

Devant l'horreur de ces maladies nouvelles, les chamanes indiens restaient impuissants. Les traitements traditionnels comme les séances de suées ne servaient souvent qu'à propager encore plus la contagion. Les missionnaires français en profitèrent pour exploiter l'échec des chamanes, souligner leur impuissance et les tourner en ridicule; et pour saper encore en peu plus les fondements spirituels de la culture indienne.

S'il est un crime dont les Européens se sont rendus coupables, c'est bien celui d'avoir quasiment anéanti une spiritualité originale dont l'ensemble de l'humanité n'a pas les moyens de se passer. Quel que soit le degré de développement technologique d'une société donnée, les valeurs spirituelles et religieuses de ces groupes représentent une richesse qui fait partie du patrimoine humain. Encore moins que sur d'autres plans, il ne saurait y avoir de hiérarchie dans les types de rapports que les cultures entretiennent avec l'autre monde. Le Grand Manitou vaut bien le Bon Dieu et Allah le Tout-Puissant.

Ce n'est là qu'une partie du prix du choc de ces cultures si différentes que la société indigène a dû payer. Non pas parce qu'elle le voulait, que c'était son choix. Conquise implicitement, dans les faits, la société indienne s'est vu déplacer, nier, repousser dans des recoins-sanctuaires.

Cette conquête tacite valait-elle mieux que la conquête en bonne et due forme, avec écrasement total de la résistance avec des moyens militaires? À ceux qui répondraient que non, on peut rétorquer que les acteurs de ce temps-là ont de bonnes chances d'avoir fait pour le mieux. Imaginons un peu la scène si l'Amérique du Nord, contournée par les Européens aux 14 et 15e siècles, avait été colonisée deux siècles plus tard par les Japonais, par exemple. La lecture du sort réservé aux Mandchous conquis des années trente serait de nature à stimuler notre imagination.

Dans la longue liste des échanges pernicieux qui ont suivi le choc de la rencontre, le tabac tient une bonne place. Tous conviendront malgré tout que ce cadeau empoisonné n'a pas réussi à rétablir l'équilibre des exactions.

Le calumet

Bien bourré de cette plante qui allait intoxiquer l'humanité pendant des siècles à venir, le calumet de la paix a bien souvent été fumé par les représentants des deux groupes. La plupart du temps, hélas et inévitablement, c'était pour sceller une perte des peuples autochtones; c'était pour consacrer solennellement le recul des premières nations et l'avancée des nouveaux arrivants.

La fumée du calumet conjurait celle des canons. On peut imaginer que, sans jamais se l'avouer, les deux parties aient été bien heureuses de se rabattre sur des ententes qui se prêteraient forcément un jour à des interprétations contradictoires. En bons politiques, ces fumeurs de calumet ont escompté que le temps allait arranger les choses. En bons pacifistes, ils ont tout fait pour repousser l'affrontement brutal, le conflit armé total.

Dans une très large mesure, le temps a effectivement arrangé les choses. Contrairement à ce qui s'est passé dans plusieurs îles des Caraïbes, par exemple, les communautés indigènes n'ont pas été détruites ou assimilées; les colons européens ont pu développer le pays; à l'inverse de son voisin du sud, le Canada n'a pas connu l'horreur des guerres indiennes. Quoi qu'en disent d'imprudents chefs vociférants, cette non-guerre a constitué une magnifique réussite politique qui continue de donner le ton à la façon canadienne de résoudre les conflits.

Ce qui peut paraître à certains un calumet de dupes a été le calumet des réalistes, de leaders politiques qui avaient compris que l'Amérique avait cessé d'être une île isolée le jour où les grands voiliers se sont pointés à l'est.

Même si, à notre époque de sur-technologie et de surproduction, la notion de développement économique est suspecte, c'était loin d'être le cas aux 17e et 18e siècles. Si, alors, un bon génie avait offert à nos ancêtres (ainsi qu'à ceux des Amérindiens) de les transporter d'un souffle magique à l'ère du chauffage central et des oculistes, son tapis volant aurait été trop chargé pour décoller.

Bien peu d'Indiens refusent aujourd'hui d'utiliser leur Band Number pour profiter des bienfaits de l'économie moderne. Quand les innombrables chefs se rencontrent à Ottawa pour dénoncer la société blanche oppressive, c'est à bord d'avions qu'ils s'y rendent et c'est à l'hôtel chauffé-climatisé qu'ils dorment, avant de s'envoyer des œufs avec bacon cuits dans du beurre. Tout ça aux frais du colon-payeur de taxe. La contradiction est tellement énorme qu'on en oublie de rire.

Avec la hache de guerre a été enterré un mode de vie plusieurs fois millénaire. Avec la fumée du calumet de paix, l'odeur âcre et rassurante de l'industrialisation a envahi pour toujours l'espace du tipi, du wigwam et de la Long House.

X

La maison divisée

Si l'on admet que la ridicule histoire du terrain de golf d'Oka ne fut qu'un prétexte utilisé par certains groupes indiens pour fouetter leur renaissance politique par le biais des revendications territoriales, pourquoi ce geste a-t-il été posé à Oka plutôt qu'ailleurs au pays?

Tout d'abord parce que les Mohawks, même s'ils sont pratiquement urbanisés, représentent tout de même une tribu traditionnellement guerrière. Et un guerrier, ça fait la guerre. Faute de pouvoir réduire des bandes indiennes plus faibles qu'eux comme ils l'ont si souvent fait par le passé, ces Iroquois se rabattent sur le groupe qui a quelque chose à offrir: les descendants des colons canadiens-français de la région métropolitaine. Et comme les forces en présence sont par trop inégales, il leur faut se présenter comme le fer de lance de toutes les tribus de tout le pays. Les Mohawks ne sont pas que d'excellents guerriers: ils sont également de fins politiques.

Pour que cela soit crédible, il faut que le Oka d'avant, le Oka de l'harmonie entre les races, éclate.

Un ou deux Oka?

Auparavant, il n'y avait qu'un seul Oka. Pas un Oka homogène: un village blanc que côtoyait une communauté indienne elle-même délimitée très approximativement. En fait, les établissements indiens représentaient plus certaines cases du damier d'Oka que le rectangle rigide de la Long House.

Tout au long du siècle de leur histoire commune, les deux groupes se sont interpénétrés et ont échangé à un point tel que le métissage est aujourd'hui partout évident chez les Indiens légaux, c'est-à-dire inscrits, de la région.

Ça, c'était avant. Avec l'arrivée du nom «Kanesatake», les Mohawks ont bien montré qu'ils voulaient se démarquer des autres citoyens d'Oka. Pour protéger leur culture? Pour perpétuer un mode de vie par ailleurs disparu? Par rejet des valeurs canadiennes-françaises? C'est plus probablement par souci de cohérence.

En effet, quand on revendique le statut de propriétaire terrien historique, on doit pouvoir asseoir cette prétention sur des différences de sang, des différences raciales. Parce qu'en dernière analyse, si la société des travailleurs, c'est-à-dire la société immensément majoritaire décidait de recevoir favorablement ces requêtes, l'appartenance au groupe des rentiers du territoire serait déterminée par le sang. Les différences culturelles — à part le fait d'être plutôt porter sur l'anglais — sont par trop minimes pour servir de critère valable de départage.

Barricades et mariages

Entre les deux groupes, nous verrons donc de plus en plus s'élever des barricades et de moins en moins se prononcer des mariages.

Quelques barricades physiques, oui, pour bloquer une route secondaire ou un fond de rang, histoire de rappeler à l'opinion publique sur quoi porte le gros du différend. Mais surtout des barricades psychologiques, qui vont empêcher les deux communautés de travailler main dans la main dans la résolution des problèmes communs de cette fin de millénaire.

Plusieurs Blancs, de leur côté, ne voudront pas être en reste sur le plan des clôtures invisibles. Il est si facile, par un regard ou le ton de la voix, de faire sentir à l'autre qu'il n'est plus bienvenu. Ce serait d'ailleurs beaucoup demander que de s'attendre à une attitude conciliante de la part de gens à qui on vient de dire qu'après mûre réflexion, l'entente implicite maintenant centenaire ne tient plus.

En stricts termes de dollars, rien ne s'oppose à la multiplication des mariages mixtes à Oka. En fait, le Blanc ou la Blanche ne peut qu'améliorer son sort matériel en convolant dans l'autre communauté. Quelle meilleure dot, en effet, qu'un Band Number délivré par le gouvernement fédéral? Mais comme les amours modernes sont rarement basées sur l'argent, on voit mal des couples accepter de se former malgré les tensions supplémentaires amenées par cette nouvelle division des races.

C'est bien dommage. Dans l'est du Canada, plusieurs Européens d'origine française s'étaient tout de suite associés à des conjoints indiens. N'était-ce pas là la meilleure façon de se fondre dans ce pays neuf? Et, au plan des relations politiques, l'histoire des monarchies d'Europe nous apprend que l'alliance de la chair est souvent le meilleur gage de paix entre deux groupes humains différents.

Ce n'est pas un hasard si les Métis des Plaines de l'Ouest portent à peu près tous des noms français. Sur la palette des capacités d'intégration aux groupes indigènes, c'est comme si le colonisateur français s'était situé au centre, entre l'Espagnol et le Portugais sans réserve à une extrémité (très visible dans le Brésilien d'aujourd'hui), et le Britannique ségrégationniste à l'autre (résultat aussi éloquent, par son absence même, dans les provinces de l'Ouest).

À Oka, encore quelques générations de ces agréables petits jeux mixtes et le fond de la population aurait été complètement métissé. On voit mal comment qui que ce soit aurait pu y perdre.

La chronologie

À en croire les plaideurs de l'argument du premier occupant, les Indiens canadiens contemporains auraient droit à des privilèges spéciaux du fait que leurs ancêtres ont précédé les ancêtres de tous les autres Canadiens sur ces terres froides. "Deux cent cinquante siècles d'avance doivent se payer", arguent-ils.

En suivant ce raisonnement, on pourrait établir un calendrier d'arrivée des différents groupes qui forment aujourd'hui la mosaïque canadienne. À chaque date de débarquement ou d'atterrissage correspondrait un privilège d'autant plus grand que l'arrivée remonte loin dans le temps.

En tête de ce calendrier, très loin devant tous les autres, on installerait les Amérindiens. Beaucoup plus bas, on retrouverait les Canadiens-Français, suivis des descendants des troupes de Wolfe. Un peu plus bas, les Loyalistes. Les Pieds-Noirs (ceux d'Algérie, pas ceux des Plaines de l'Ouest) viendraient vers la fin, juste avant les Haïtiens et les Tamouls. (Ça apprendra à ces derniers à arriver en retard.)

La distribution des privilèges correspondants ne présente aucun problème technique insurmontable. Il suffirait simplement d'attribuer un facteur de pondération au taux d'imposition fiscale, facteur déterminé par la grande chronologie des arrivées. Nous aurions alors une taxe perçue sur le dernier arrivant pour payer la rente versée au premier occupant. Le délire!!

Indiens, Blancs et Canadiens

Au commencement étaient les Indiens. Vinrent ensuite les Européens, suivis de près par des représentants de toutes les races, de tous les continents, et d'à peu près toutes les religions. Tous ces gens forment la macédoine canadienne, pour le meilleur et pour le pire et de façon inéluctable.

On ne reculera pas l'horloge de l'histoire. Le Turc qui débarque à Toronto a laissé une grande partie de ses coutumes à l'aéroport d'Istanbul. Même chose pour le Jamaïquain et le Chinois de Hong Kong. Comme ce fut le cas pour le fermier de Picardie il y a trois siècles. Tous ces gens s'entendent pour dire qu'ils sont des Canadiens (tout en restant longtemps français, chinois ou turcs).

Tous ces gens..., sauf l'Amérindien? Tel Indien militant crie bien fort qu'il n'appartient pas à la nation canadienne: il appartient plutôt à l'une des quelque cinquante «premières nations», lesquelles veulent s'épanouir de façon originale (ou est-ce de 50 façons originales?) sur des territoires à reprendre à l'ensemble canadien.

Comme si la conquête tacite n'avait pas eu lieu; comme si le traité implicite n'avait pas été scellé par le calumet de paix. Comme si le Canada était prêt à se laisser éclater de l'intérieur.

Comme si l'énorme accroc à la démocratie que constitue le régime d'apartheid actuel pouvait durer indéfiniment. Comme si tous les autres Canadiens allaient éternellement accepter d'être considérés comme des imposteurs ou des citoyens de second rang, des membres de la «deuxième» nation.

Comme si les appels de certains chefs indiens à la mobilisation armée et au sabotage des voies ferrées et des lignes de transmission pouvaient être tolérés indéfiniment.

Comme si les fusils-mitrailleurs des soldats du 22e régiment qui ont patiemment désarmé les Warriors d'Oka étaient chargés à blanc.

Quels jeux dangereux!!

Le sang et la sueur

Sans doute grâce à un prodigieux coup de chance de la géographie, le Canada se construit lentement, sans les luttes armées qui ont affligé la naissance de la plupart des autres nations. Son territoire délimité par un seul voisin, deux océans et une multitude d'îles de glace, son identité se forge plus dans ses rapports avec la nature que dans ses tiraillements avec les autres pays. C'est à la fois une chance et un malheur.

Une chance parce que cela coûte infiniment moins cher en violences de toutes sortes; un malheur parce que l'identité nationale n'a rien d'évocateur et d'enlevant (la gloire, par exemple) pour se bâtir un socle.

C'est de cette identité mal assurée, de ce bon droit chancelant que profitent les mouvements souverainistes indiens actuels. On imagine très mal la pareille aux États-Unis ou au Pérou. Les Américains — tous les Américains — savent que l'Amérique contemporaine est le fruit des efforts de tous, même si c'est à des degrés divers. Leur armée intérieure (la National Guard) se chargerait de régler vite fait une tentative de "repossession" de la part des Chicanos ou des Apaches.

Au Canada, on ne sait pas trop. On semble avoir oublié que l'Abitibi ne s'est pas défrichée en deux fins de semaine et que la relative prospérité actuelle ne doit rien à la magie. Elle est assise sur une recette quasi infaillible: le travail. Il y a gros à parier que le poseur de lignes de Thiro Construction sent que ce pays lui appartient quand, les doigts gelés bien dur, il redescend de son pylône. Tous ceux qui revendiquent la propriété exclusive sont chaleureusement invités à grimper là-haut. Ce n'est pas la place qui manque.

Sur les marchés internationaux, là où, de plus en plus, se détermine le niveau de vie des Canadiens, c'est la qualité des produits et des services qui établit les prix de vente. Cette qualité dépend dans une large mesure de la quantité de travail intégrée dans ces biens offerts. Moins le facteur terre sera cher, plus importantes pourront être les ressources consacrées à augmenter la qualité du bien offert. Un groupe qui réclame un rente foncière menace de faire ainsi diminuer la compétitivité du travailleur canadien.

Il serait surprenant que ce dernier se laisse plumer sans mot dire, à Oka ou ailleurs.

Un premier rôle

Pour qu'un pays moderne comme le Canada puisse fonctionner efficacement, il faut que chaque groupe humain, voire chaque individu, joue un rôle utile. Dans une économie à large base, les rôles possibles sont nombreux et variés. Mais encore faut-il que ces charges correspondent à des valeurs, des cultures, des mentalités.

Le processus d'industrialisation a manifestement laissé de côté les premiers occupants du pays. Les valeurs et les connaissances propres de ces derniers n'ayant aucune application dans l'industrie, ils ne pouvaient y tenir aucun rôle. Ils n'ont été que spectateurs dans la pièce de l'accession à la modernité.

Ici, il ne faut pas généraliser. Assez paradoxalement, les Mohawks — au premier chef ceux de la région de Montréal — ont facilement trouvé du travail bien rémunéré comme monteurs de gratte-ciels. L'exception qui confirme la règle?

Parce que notre pays est somme toute égalitaire, sa population a accepté d'emblée que les Indiens recueillent une partie des applaudissements, même s'ils n'ont pas eu à monter sur les planches. Les transferts gouvernementaux — un mécanisme qui joue beaucoup plus au nord du 49ᵉ parallèle qu'au sud — ont servi à combler partiellement le fossé qui sépare toujours la société industrielle de la société des chasseurs-cueilleurs (et de celle des guerriers en chômage). Sans ces transferts massifs, certains hivers auraient fait des hécatombes chez les Indiens.

Aujourd'hui, bien peu de gens sont prêts à sacrifier encore plus de nature sur l'autel du développement industriel. La qualité de vie ne se définit plus par la grosseur de la cylindrée devant la porte ou par l'épaisseur de la fumée des cheminées d'usines. Nous voulons le confort, oui, mais dans le plus grand respect possible de l'environnement.

Après l'ère du chevalier d'industrie roulant Cadillac blanche, nous entrons dans celle du militant écologiste à vélo. Ou presque.

Ce théâtre politique renouvelé offre une belle carrière à celui que tout le monde croit posséder un talent naturel pour le nouveau rôle de premier plan: le défenseur des valeurs écologiques. Le public canadien, sans même l'avoir jamais vu évoluer sur cette scène, est conquis d'avance. C'est là la force du mythe.

Il ne reste à l'Indien canadien qu'à faire son entrée.

Vite... Le rideau va bientôt se lever.

XI

Un bien petit wigwam

Sur la mappemonde, le Canada et le Québec contemporains représentent des surfaces illimitées. Sur le terrain, la partie véritablement habitable du pays est infiniment moindre. Le sud du Québec et la région métropolitaine de Montréal ne sont pas tout à fait la contrée des grands espaces.

Contrairement à la majorité des autres tribus indiennes, les Mohawks ne disposent pas de vastes réserves où il leur serait possible d'entretenir un semblant de vie traditionnelle. Qu'ils l'admettent ou non, les Mohawks d'Oka et ceux de la rive sud de Montréal sont des Canadiens urbanisés qui vivent à la blanche depuis maintenant plus d'un siècle.

Un des drames de notre pays, c'est de ne pas avoir été capable de développer une culture canadienne originale assez forte pour rallier tous les groupes constitutifs qui occupent aujourd'hui le territoire: des Amérindiens aux Haïtiens en passant par les Canadiens-Français. Le creuset canadien n'a pas produit d'alliage nouveau: les Anglais restent accrochés à la tête couronnée qui dort à Buckingham Palace; même après deux ou trois générations, les Portugais rêvent toujours de finir leurs jours dans un pays de soleil; les Indiens disent ne rien vouloir savoir du pays des Blancs; les Canadiens-Français aspirent à une patrie qu'ils définissent par la négative.

Pour le Mohawk habitué à gagner sa vie à New York et à pratiquer le "commerce" avec les États-Unis, l'entité politique québécoise en devenir n'a aucune espèce d'attrait. D'ailleurs, le passage de son groupe à la langue anglaise dominante ne remonte-t-il pas à la Conquête?

Le divorce violent

Compte tenu de l'absence à peu près totale d'affinités raciales, politiques ou culturelles avec le groupe qui les cerne, il n'est pas surprenant que les Mohawks banlieusardisés d'aujourd'hui invoquent tous les arguments possibles pour essayer de soutirer le maximum d'avantages économiques du colon-travailleur.

Le Mohawk ne se sent pas partie prenante du pays en construction et l'aumône gouvernementale lui permet de vivre relativement confortablement des surplus de l'usine et de la ferme de la société blanche. Malgré cela sûr de lui, il exige le divorce en réclamant le fond de terre sur lequel est assis le mariage forcé. Naturellement, ces conditions sont absolument inacceptables pour le conjoint éconduit. Étant donné qu'en ces matières il n'y a pas de conseillers matrimoniaux, sommes-nous condamnés à une longue chicane de ménage à finir?

Tous les coups étant permis, celui qui a pris l'initiative du divorce a voulu montrer tout de go qu'il pouvait frapper très fort. Il l'a fait en utilisant le prétexte du terrain de golf d'Oka pour déterrer la hache de guerre, laquelle se présente à notre époque sous forme de fusils-mitrailleurs AK-47. Et comme les Iroquois n'ont pas leur pareil pour manier habilement les mots et les assembler en d'attrayantes demi-vérités, ce recours à la violence s'est vite vu assorti d'un discours politique propre à la justifier (la violence).

Tous sont visés par les haut-parleurs des groupes militants indiens. Plusieurs tombent, atteints à la tête par un trait sophistique ou en plein cœur par une charge émotive.

Le bon droit et les vieux traités

La grande chance des Amérindiens en général et des Mohawks en particulier, c'est d'avoir affaire à des Canadiens, gens pacifistes et légalistes par définition... à moins que ce ne soit par déformation.

Les hommes de loi engagés par les Amérindiens (et payés par les contribuables) se lamentent ad nauseam sur d'innombrables traités rompus par les perfides envahisseurs blancs. Qui donc leur rappellera qu'elles sont bien rares les ententes qui tiennent pendant deux siècles? Même la plupart des concordats signés par le Vatican se sont vus dénoncés par une des parties à un moment ou un autre. Si les traités politiques étaient fondus dans le roc immuable du bouclier canadien, les Anglos-Américains n'auraient jamais attaqué la Nouvelle-France, l'Espagne dominerait toujours le monde, et le Stars and Stripes flotterait pour encore longtemps sur le canal de Panama.

La durée de vie d'un traité est à peu près égale à celle des conditions dans lesquelles il a été signé. Parce que les situations évoluent, tous les traités perdent de leur sens avec le temps. Rien n'est figé: ni la conjoncture politique, ni la technologie, ni les alliances militaires, ni les traités entre nations ou groupes humains. L'empire du Mal d'hier devient le récipiendaire de l'aide alimentaire américaine d'aujourd'hui; à la petite échelle du Québec, le parti libéral jusque-là fédéraliste accouche d'un schéma politique menant tout droit à l'indépendance.

Si trop de Canadiens mordent à l'argument des traités non respectés, c'est que nous appartenons à une société dominée par les hommes de loi. "Si c'est écrit, c'est que c'est vrai", se dit Baptiste tout tremblant de respect devant l'autorité de la lettre couchée sur le papier.

Le jour où ce même Baptiste aura la ferme conviction d'être tout à fait dans son bon droit d'habiter ce coin de planète défriché à coups de hache de fer et à force de sueurs, il révoquera par législation tous ces traités caducs qui hypothèquent sa propriété. Son avenir cessera alors de dépendre des humeurs d'avocats promus à la Cour Suprême.

Le mariage de raison

Qu'elles en aient envie ou pas, les deux sociétés blanche et indienne sont condamnées à vivre ensemble.

Les Mohawks d'Oka ne vont pas s'éteindre ou se transmuter en chasseurs algonquins. Tout comme les descendants d'Européens et les autres immigrants qui les ont suivis ne vont pas s'en retourner à La Rochelle ou à Saïgon.

Ceci étant admis, l'ancienne Seigneurie des Deux-Montagnes et la plaine de Montréal sont-elles assez vastes pour voir s'épanouir deux sociétés — voire deux civilisations — distinctes?

Élevez une frontière hermétique autour des établissements mohawks de la région métropolitaine, et ces nouvelles «nations» se retrouveront assistés sociaux de la communauté internationale. À moins, bien sûr, qu'une rente foncière de premier occupant ne leur soit versée.

Une fois rejetés ces scénarios farfelus, on doit revenir sur terre et voir comment les deux groupes vont s'installer inconfortablement dans une union dictée par la raison. Pas par la raison du plus fort; par la raison du bon sens.

Et ce, même si le plus fort — la société blanche — pourrait rapidement régler le problème mohawk en répondant à l'appel des Warriors pour s'engager sur le sentier de la guerre. L'homme d'ici préfère faire la sourde oreille à la provocation armée et aux menaces de sabotage. Comme si la mise sur pied d'un corps para-militaire spécialisé dans le contre-terrorisme amérindien n'était qu'une image de cinéma, réservée aux régimes musclés de certaines contrées exotiques.

Pour les Canadiens et les Québécois, tout ne vaut-il pas mieux que la paix des cimetières, fussent-ils cimetières sacrés?

La plupart d'entre nous sommes le fruit de mariages de raison, nos parents et surtout nos grands-parents n'ayant que rarement pu s'offrir le luxe relatif de l'amour romantique. Le résultat est-il si mauvais qu'on ne puisse appliquer la formule à des groupes ethniques différents à encore quelques égards?

Un seul wigwam

Quand nos aïeux français se sont embarqués à Honfleur et à St-Malo aux XVIIe et XVIIIe siècles, la planète Terre avait des limites indéfinies. Aujourd'hui, cette même planète n'est qu'un petit vaisseau emportant tous ses passagers vers une destination commune. Comme ce frêle esquif cosmique, le wigwam canadien a des dimensions bien limitées. Il ne s'agrandit pas avec l'arrivée des nouveaux membres dans la famille.

Cette habitation faite du bois de vieux sapins odorants et de clairs bouleaux ne vaut-elle pas d'être protégée des conflagrations propagées par le feu des fusils? Ne soyons pas trop prodigues: nous n'avons qu'un seul wigwam.

Idéalement, chacun et chacune devraient y occuper une place, y habiter un espace, y tenir un rôle suivant ses talents et ses efforts. Surtout, sans privilège basé sur la couleur du sang ou la chronologie de remontée du golfe du St-Laurent. Et tant mieux pour tout le monde si la spiritualité indienne restaurée permet à ce groupe de tenir un rôle de choix, à part, de donner à l'ensemble ce caractère unique qui fait tant défaut aux Canadiens.

La maison canadienne abrite une tribu bien disparate. C'est sans doute pour cette raison qu'elle n'a pas de style marqué. Elle ressemble à tout et à rien et la fumée qui s'échappe de sa cheminée mélange les effluves du méchoui à l'odeur du hot-dog. Mais cela ne l'empêche pas d'être confortable.

Dans notre tout petit wigwam éclairé par le foyer encore chaud du calumet de paix qui a scellé le grand traité implicite, il n'y a plus de place pour la hache de guerre.

François Dallaire

Principales sources bibliographiques

1) *Comment on découvrit l'Amérique*
   Marius Barbeau
   Librairie Beauchemin, Montréal, 1966
2) *Fameux Peaux-Rouges d'Amérique*
   Marius Barbeau
   Librairie Beauchemin, Montréal, 1966
3) *La guerre de la Conquête*
   Guy Frégeault
   Éditions Fides, Montréal, 1963
4) *The Oxford Companion to Canadian History and Litterature*
   Norah Story
   Oxford University Press, 1967
5) *Relations des Jésuites, 1666-1672*
   Éditions du Jour, Montréal, 1972

6) *The Canadian Encyclopedia*
   Second Edition
   Hurtig Publishers, Edmonton, 1988

7) *Annuaire du Canada, 1990*
   Statistique Canada, Ottawa

8) *Divers numéros d'OKAMI, le journal de la Société d'Histoire d'Oka*

9) *Les troubles de 1860-1880 à Oka: choc de deux
   cultures*
   Claude Parizeau
   Thèse de Maîtrise, Université McGill, Montréal,
   1974

10) *Rapport annuel, 1988-89*
    Ministère des Affaires Indiennes et du Nord
    (M.A.I.N.), Ottawa

11) *Loi sur les Indiens*
    Ministère des Approvisionnements et Services
    Canada, 1989

12) *Les Indiens du Canada
    M.A.I.N., Ottawa, 1990*

13) *Les Indiens et les Inuit du Canada
    M.A.I.N., Ottawa*

14) *Rapport du Secteur des Services aux Indiens
    M.A.I.N., Ottawa, 1989*

15) *Faits saillants des conditions des Autochtones,
    1981-2001, parties I, II et III
    M.A.I.N., Ottawa, 1989*

16) *Projection des ménages et des familles d'Indiens inscrits (1986-2011)*
    M.A.I.N., Ottawa, 1990

17) *Points saillants du recensement de 1986 sur les Indiens inscrits:tableaux annotés*
    M.A.I.N., Ottawa, 1989

18) *Chiffres compilés pour un discours prononcé par le Premier Ministre Brian Mulroney le 28 août 1990 M.A.I.N.*

19) *Dépliants d'information sur divers programmes sociaux à l'intention des Indiens, publiés par Santé et Bien-Être social Canada, 1990*

Achevé d'imprimer
en juillet 1991
MARQUIS
Montmagny, QC

Imprimé sur papier alcalin